Inlineskaten
wie ein Profi

Tobias Hatje / Ulf Denecke

Inlineskaten wie ein Profi

- Die optimale Ausrüstung
- Die besten Fahrtechniken
- Alles zu Crosstraining, Speedskaten und Marathon

südwest

INHALT

Voll auf der Rolle 8
History – wie alles anfing 10

Die richtige Ausrüstung 12

Nie »oben ohne« – es empfiehlt sich, immer einen Helm zu tragen.

Das Kernstück – der Inlineskate 13
Schale und Schaft 13
Die Schienen und Rollen 18
Boxenstopp – richtige Pflege und Wartung 23

Das weitere Zubehör 26
Schützer – gehen Sie auf Nummer sicher 26
Was sonst für Skater nützlich sein kann 28

Sicherheit auf Rollen 30

Inlineskaten – gefährlich oder gesund? 31
Ein Sport – besser als sein Ruf 31

Inlineskaten – der absolute Megatrend für Jung und Alt.

Inhalt

Fit für die flotten Flitzer – hier erfahren Sie, wie's geht.

Alles, was Recht ist. 32

Warm-up für Cool Runnings. 35

Ihr Stretching-Workout 35

Die Grundlagen der Fahrtechnik 40

Jetzt geht's los. 41
So gelingt der Einstieg 41
Rollerspaß auf einem Bein 43

Die Grundposition. 47
Der Grundschritt 49
Ausweichen und Bögen 51
Bremsen. 56
Nicht sehr überzeugend – mechanische Bremsen 62
Wenn stürzen – dann richtig 63
Mehr Tempo in Kurven. 67
Drehungen 69
Rückwärtsfahren. 73
Keine Angst vor kleinen Hindernissen 80

Rolle gut – alles gut! Für jeden Zweck gibt es die richtige Bereifung.

Inhalt

Die hohe Schule – Skaten für Könner 82

Aggressiveskaten – Akrobatik auf Rollen 83
Streetskaten – die Show für die Straße. 83
Fit für Miniramp und Quarterpipe 91

Speedskating – jetzt geht's ab 93
Vom Freizeitskater zum Fitnessfreak 93
Die Speedskating-Grundhaltung 96

Manche mögen's atemberaubend 102
Dirk Auer – ein Mann der Extreme. 102

Perfektes Fitnesstraining auf Skates 106

Die Maschine Mensch 107
Die Muskulatur – so arbeitet unser Motor. 107
Herzfrequenz – Drehzahlmesser für Training und Wettkampf 111
So bestimmen Sie Ruhepuls und maximale Herzfrequenz 112

Lassen Sie sich beschützen – Protektoren erhöhen Ihre Fahrsicherheit.

Die Trainingsform und -intensität............ 117
Systematisch die eigene Leistung steigern........ 117
Die Trainingsbereiche................... 119
Unterschiedliche Methoden des
Ausdauertrainings.................. 120
Optimale Trainingsplanung............. 123
Skaten ohne Ende – das Marathontraining..... 125

Varianten auf acht Rollen............. 136
Was man auf Skates noch unternehmen kann......... 137
Power für den Po – Workout auf Rollen.................. 137
Inlinehockey – immer auf Ballhöhe..................... 142
Inlinebasketball – nur entfernt mit dem Original verwandt... 147

Crosstraining – von der Rolle auf Rad und Kante...... 149
Asphalttraining für Alpinskifahrer....................... 149
Sommerlicher Skatingspaß für Skilangläufer.............. 152
Skaten für Radfahrer und Läufer....................... 156

Mit Skates auf Touren................................ 159
Die perfekte Planung für das Abenteuer................. 159

Hilfreiches zum Schluss............................. 162
Inlineskatingglossar................................ 162
Speedskatingbahnen.............................. 166
Adressen für Leistungsdiagnostik............. 169
Wichtige Adressen für Roll- und Gleitsportler... 171
Adressen von Inlineskatingschulen............ 172
Literaturhinweise........................... 174
Über dieses Buch........................... 177
Register................................... 178

Praktisch – ein Spezialrucksack für Inlineskates.

Boxenstopp – mit dem richtigen Zubehör können Sie Ihre Skates ganz einfach selbst warten.

Die absolute Trendsportart

Voll auf der Rolle

Zwölf Jahre ist es her, dass die ersten Pioniere mit merkwürdigen Rollschuhen auf den Plätzen und Straßen der Republik auftauchten. Mit Plastikstiefeln, an deren Sohlen vier Rollen in einer Reihe (in line) angeordnet waren. In diesen zwölf Jahren hat sich Inlineskaten zur größten Freizeitsportbewegung in Deutschland entwickelt. Was damals nur eine Hand voll Exoten betrieb, ist heute zum Massentrend geworden. Zwischen 1990 und 2000 wurden über 17 Millionen Paar Skates in Deutschland verkauft.

Die Anhängerschaft der schnellen Rollen ist größer als die Anzahl der in Vereinen organisierten Fußballspieler (6,3 Millionen). Schätzungen der Industrie gehen davon aus, dass in ca. 53 Prozent der verkauften Skates Frauenfüße stecken.

Bringt Millionen in Bewegung

Der Deutsche Inline-Skate Verband (D.I.V.) geht davon aus, dass insgesamt zwölf Millionen Menschen aktiv dem Rollenspaß auf deutschen Asphaltpisten und Fußwegen, Parkplätzen und Promenaden frönen. Die acht Rollen halten die ganze Nation in Bewegung: Bei den großen Marathonveranstaltungen in Berlin, Hamburg oder Köln sind die Teilnehmerplätze schon Monate vorher ausgebucht, in Braunschweig, München und Bremerhaven patrouillieren Polizisten auf Inlineskates, um die öffentliche Ordnung zu gewährleisten, in Hessen und Hamburg steht Skaten auf dem Stundenplan der Schulen.

Selbst der ehrwürdig-altbackene Deutsche Sportbund ist über seinen Schatten gesprungen und hat seit dem Frühjahr 2000 Inlineskaten in den Reigen der Disziplinen für das Deutsche Sportabzeichen aufgenommen. Und: Die Inliner stehen sogar in Verhandlungen mit den Herren der Ringe, ob nicht schon 2004 in Athen das Speedskaten eine Chance bei den Olympischen Spielen bekommen sollte. Kurz gesagt: Skating rules! Der Freizeitsport Inlineskaten übt eine gewaltige Faszination auf alle Bevölkerungs- und Altersschichten aus. Die jüngsten Fans stellen sich bereits mit fünf Jahren auf die Rollen, die ältesten Enthusiasten haben mit über 65 Jahren noch nicht genug davon. Außerdem erfreulich: Vom Skaten fühlen sich Männer und Frauen nahezu gleichermaßen angesprochen. Viele Rollenfans sehen in den Skates eine gute Möglichkeit, ihre Fitness zu steigern, gemeinsam mit Freunden oder Familie die Freizeit zu genießen oder ausgedehnte Ausflüge zu unternehmen.

Fit mit jeder Menge Fun

Der Einstieg – leicht gemacht

Inlineskaten ist Spaß und Sport in einem. Das vorliegende Buch knüpft an beides an: Wir wollen Sie umfassend über die Ausrüstung informieren, geben Kaufhilfen, erklären Ihnen die Einsteigerfahrtechniken und erläutern, wie Sie mit den Skates Ihre Fitness steigern. Denn der Rollsport ist ein echter Jungbrunnen: Mit regelmäßigem Training verbessern Sie spielerisch Ihre Ausdauer, schulen das Gleichgewicht, erleben neue Bewegungs- und Gleiterfahrungen.

Außerdem hat sich Skaten als perfekter Fatburner erwiesen, denn die Belastungsintensität der gelenkschonenden Fortbewegung ist beim normalen Fitnessskaten sehr gering.

Für ein abwechslungsreiches Fitnesstraining

Dass sich schnell und leicht Fortschritte auf den Rollen erzielen lassen, zeigt die immer größer werdende Schar der Marathonskater. Ein weiterer Schwerpunkt des vorliegenden Buchs sind daher Techniken, Tipps und Trainingspläne für ambitionierte Fitnessskater, die sich gezielt auf einen Marathon vorbereiten wollen. Dabei helfen die herzfrequenzorientierten Trainingsprogramme und die Übungen zur Technikverbesserung. Inlineskates eignen sich außerdem perfekt fürs Crosstraining. Die Skiläufer nutzen schon seit Jahren die Rollschuhe, um auch im Sommer ganz ohne Schnee Kantengefühl, Slalomläufe und Abfahrtstechniken zu schulen. Und Läufer oder Radfahrer schätzen das Skaten, da es ein interessantes, abwechslungsreiches Alternativtraining ermöglicht, das ähnliche Muskelgruppen anspricht.

Natürlich soll auch der Spaß auf den Skates nicht zu kurz kommen. Die Reportagen in diesem Buch lassen den Sport in seiner Vielfalt lebendig werden: Ob mehrtägige Touren oder Extremskaten in der Bob- und Achterbahn – »Inlineskaten wie ein Profi« zeigt Ihnen die ganze Welt des Skatens.

Wurden 1993 lediglich 20 000 Paar Skates und ein Jahr später ungefähr 80 000 Paar verkauft, so hat sich der Absatz in den letzten zwei Jahren auf jeweils rund zwei Millionen Paar eingependelt. Dabei sind zwei Tendenzen erkennbar: Die meisten Käufer bevorzugen inzwischen qualitativ hochwertige Modelle statt spielzeugähnlicher Billigangebote.

Inlineskaten – die perfekte Mischung aus Sport und Spaß!

History – wie alles anfing

Inlineskaten ist zwar erst seit zwölf Jahren fester Bestandteil des Straßenbilds in Deutschland, die Ursprünge reichen aber sehr viel weiter zurück. Die Idee, mehrere Rollen in einer Linie anzuordnen, um dann über den Asphalt zu gleiten, ist älter als die Straßen und glatten Flächen, die man dazu benötigt.

Eine Blamage am Königshof

Es geschah im Jahr 1760. Friedrich der Große hatte vier Jahre zuvor die europäischen Großmächte in den Siebenjährigen Krieg verwickelt und lag mit Kaiserin Maria Theresia wegen verschiedener Ländereien im Clinch. Bis zum Beginn der Französischen Revolution sollten noch knapp 30 Jahre vergehen, und selbst die Vereinigten Staaten von Amerika wurden erst 16 Jahre später gegründet.

Zu dieser Zeit tüftelte John Josef Merlin aus Belgien bereits an den ersten Skates. Er befestigte zwei kleine Räder aus Metall statt einer Kufe unter einem normalen Schlittschuh. Seine Erfindung fand selbst das Interesse des englischen Königshauses. In jenem Jahr durfte er seine Erfindung bei einer Vorführung am englischen Hof zeigen. Die Darbietung fand Gefallen, bis ein riesiger Spiegel seine Showeinlage jäh stoppte. Er war damit also nicht nur der erste Inlineskater, er war auch das erste statistisch erfasste Unfallopfer seiner Erfindung.

Glatte Fahrbahnen waren Mangelware

Auch von den Franzosen gibt es Überlieferungen. 1815 erhielt Jean Garcin aus Paris ein Patent auf die Konstruktion seiner Rollschuhe. Unter ein sohlenförmiges Brett schraubte er einfach drei kleine Rollen. Befestigt wurde der rollende Untersatz mit einem dünnen Lederriemen am Fuß sowie einer Stütze, die bis zur Wade hochreichte. Er eröffnete sogar die erste Inlineschule in Paris.

Die Patente und Entwicklungen häuften sich im 19. Jahrhundert, aber der rechte Durchbruch blieb den Urmodellen verwehrt. Das Problem lag auf der Straße: Statt aus glattem Asphalt waren die Wege aus grobem Kopfsteinpflaster gebaut – für Inlineskates nicht befahrbar. Der Spaß auf den Rollen beschränkte sich also auf weitläufige Flächen im Hause – indoor quasi.

Die »klassischen« Rollschuhe hatten den Vorteil, dass sie auf rauen und unebenem Untergrund leichter zu beherrschen waren; außerdem war es einfacher, die Balance zu halten. Die Boomphase hielt aber nur kurz an, und die Verbreitung der Rollschuhe erreichte bei weitem nicht die Ausmaße der heutigen Inlinebewegung.

Vom klassischen Rollschuh zum Inlineskate

Auf luftgefüllten Rollen

Etwas mehr Fahrkomfort versprachen die Reifenrollschuhe von Bäumcher, die 1894 in Deutschland auftauchten. Er verwendete Ballonreifen wie bei Fahrrädern. Aber auch dieses Konzept setzte sich nicht durch, und die prähistorischen Inlineskates verschwanden fast komplett von der Bildfläche. Erst in den 60er Jahren des letzten Jahrhunderts nahmen russische Rollschuhläufer die Idee wieder auf. Und auch in der ehemaligen DDR nutzte man schon damals Inlineskates fürs Eisschnelllauftraining im Sommer. Speziell Spitzensportler aus dem Eis- und Skisport erkannten früh die Vorteile der Skates für das Technik- und spezifische Konditionstraining im Sommer.

Dieser Holzstich von 1870 zeigt so genannte Schnelllaufschuhe, noch mit Holzbereifung.

Eissportler trieben die Entwicklung voran

Der Anstoß für die heutige Entwicklung ging von Eissportlern aus. Die beiden amerikanischen Eishockeyspieler und Brüder Scott und Brennan Olsen aus Minnesota bastelten Anfang der 1980er Jahre statt Kufen Rollen unter einen ausgemusterten Schlittschuh. Damit konnten sie ihr Eishockeytraining auch in der heißen Sommerzeit fortsetzen. Für nur 15 000 US-Dollar verkauften die beiden Bastler ihr Patent an Rollerblade, die diese Idee bis zur Massenproduktionsreife weiterentwickelten und damit zum Weltmarktführer aufstiegen. Ende der 1990er Jahre verkaufte Rollerblade allein in Deutschland fast eine Million Paar Skates pro Jahr. Es bildeten sich mehrere Verbände. Im Herbst 1996 schlossen sich verschiedene konkurrierende Organisationen im Deutschen Inline-Skate Verband D.I.V. zusammen, um gemeinsam den Skatesport zu fördern. Auch der Deutsche Rollsport Bund (DRB) nahm sich des Themas an. Dieser Verband hatte über viele Jahre die Wettkämpfe für die 2x2-Rollschuhläufer organisiert und deren Interessenvertretung im Deutschen Sportbund (DSB) übernommen. 1998 erfolgte die Umbenennung in Deutscher Rollsport und Inline Verband (DRIVe). Seit März 2000 ist der D.I.V. Mitglied im DRIVe – Inlineskaten hat sich neben dem Freizeitvergnügen auch als seriöser Sport etabliert.

Pionierarbeit leistete auch ein deutscher Tüftler. Im Oktober 1970 hatte der enthusiastische Schlittschuhläufer Friedrich Mayer ein ähnliches Modell gebaut und sogar ein Patent darauf erworben. Seine Idee stieß bei den Rollschuhherstellern und der Sportartikelindustrie jedoch auf wenig Beachtung, denn die 2x2-Rollerskates hatten gerade Hochkonjunktur.

Die richtige Ausrüstung

ical lohnt sich

Das Kernstück – der Inlineskate

Das Angebot an Inlineskates ist riesig, auch wenn sich in den letzten Jahren ein gewisser »Reinigungsprozess« abzeichnet. Während Mitte der 1990er Jahre noch über 25 Hersteller fast 300 unterschiedliche Modelle anboten, hat sich der Markt in den letzten beiden Jahren stark konzentriert. Die Anzahl der Hersteller reduzierte sich auf die Hälfte, die Nachfragetendenz zu qualitativ hochwertigeren Skates hat viele Billiganbieter aus Fernost oder Kaufhauseigenlinien verdrängt.

Die Qualitätsmängel der Billigheimer bescheren Schnäppchenjägern oft Blasen an den Füßen, eine kurze Lebensdauer der Skates und meist so schlechte Rollen und Lagerqualitäten, dass schnelles, entspanntes Gleiten eine Wunschvorstellung bleibt. Es lohnt sich, etwas mehr zu investieren und Markenskates zu wählen. Aber wie die Richtigen finden? Über 200 Modelle für die unterschiedlichsten Einsatzbereiche werden auch heute noch angeboten. Ob Hartschalen-, Softskates oder die Mischung aus beiden, die Hybridskates, Leder oder Nylonmaterial, Aggressive oder Fünfroller, Schnallen oder Schnürung – der Skatemarkt zeigt große Vielfalt und nahezu unüberschaubare Variationsmöglichkeiten. Zudem lässt sich noch zwischen diversen Rollen, unterschiedlichen Kugellagern, Schienen, Bremssystemen, Schützern und sonstigem Skatezubehör wählen. Wenn Sie sich also ein paar Skates und Schützer zulegen möchten, sollten Sie mehr wissen als nur Ihre Schuhgröße.

Wenn Sie Ihre sportlichen Voraussetzungen und Ambitionen richtig einschätzen, dann wird die Wahl des passenden fahrbaren Untersatzes nicht zur Qual. Investieren Sie besser in solide Qualität als in verspielte Raffinessen.

Schale und Schaft

Bei den Schuhen stehen drei verschiedene Arten zur Auswahl:
- Softboots, die ähnlich wie Bergstiefel aus einem robusten Mix aus Nylon und Leder gefertigt werden
- Hardboots mit einer Außenschale aus festem Kunststoff
- Hybridboots, eine Mischung aus Hard- und Softboots, bei denen Kunststoffverstärkungen an den orthopädisch relevanten Bereichen eingesetzt werden, z. B. an der Ferse oder am Sprunggelenk

Die richtige Ausrüstung

Der Skate in seinen Einzelteilen: Fast alle Skates bestehen aus den in dieser Grafik gezeigten Bauelementen.

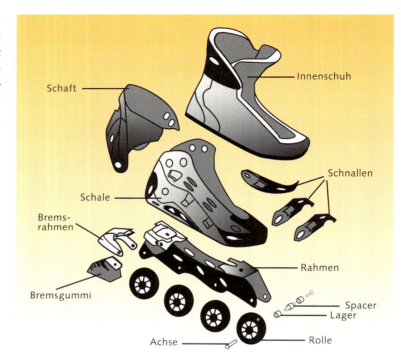

Softboots

Auch wenn sich Softboots bequemer anfühlen, sind sie für Anfänger nicht immer optimal: Muskeln und Gelenke werden stärker belastet, um die schwächere Stabilität des Schuhs aufzufangen.

Softboots sind außen aus einem festen Nylongewebe und haben eine weiche Polsterung innen. Sie bieten einen hohen Tragekomfort (Turnschuheffekt), besitzen allerdings nicht die Stabilität und Kraftübertragung von Hartschalenstiefeln. Innenschuh und Außenmaterial sind eine Einheit. Dadurch lässt sich der Innenschuh schwer trocknen.

- Sehr bequem
- Leicht anzuziehen
- Optisch meist etwas gefälliger
- Oft fehlende seitliche Stützung des Sprunggelenks
- Ungeeignet für Leute mit labilen Sprunggelenken
- Ohne Gelenk am Knöchel ist die Bewegung nach vorne eingeschränkt
- Schlechtes Belüftungssystem
- Innenschuh nicht zum Herausnehmen

Hardboots

Als Materialien werden Kunststoffe wie Polyurethan oder Polyethylen verwendet. Sie unterscheiden sich, abhängig von der Verarbeitung, in der Steifigkeit, Haltbarkeit sowie dem Preis. Beim Spritzgussverfahren wird ein Granulat aus dem entsprechenden Kunststoff erhitzt, verflüssigt und in eine Negativform der Schuhschale gegossen. Dieses Verfahren ist sehr günstig, schnell und flexibel in der Produktion.
- Gute seitliche Stabilität
- Gute Belüftung möglich
- Mit Schnallen schnell und einfach zu schließen
- Innenschuh herausnehmbar
- Anpassung an der Fuß nicht optimal
- Druckstellen bei zu hartem Außenmaterial
- Schwer und klobig

Hybridboots

Diese Kombination aus Soft- und Hardboots setzt sich immer mehr durch. Der Grund ist einleuchtend: Man kombiniert die guten stabilisierenden Funktionen der Hartschale mit dem angenehmen Tragekomfort der Softboots. Im Vorfuß- und Fersenbereich verstärken Kunststoffelemente die beanspruchten Stellen, am Fußgelenk schützt ein Schaft aus festem Material vor seitlichem Umknicken. Wichtig dabei ist allerdings, dass der Kunststoffschaft auf Höhe des Knöchels mit einem Gelenk versehen ist.
- Gute Passform mit Schnürung und Schnallen
- Belüftungssysteme meist okay
- Geringes Gewicht
- Kunststoffverstärkung am Schaft stabilisiert zur Seite; trotzdem ist durch das Gelenk genügend Flexibilität nach vorne vorhanden
- Kein Innenschuh

Der Innenschuh

Der Innenschuh (Liner) sollte anatomisch geformt und weich gepolstert sein sowie über ein gutes Fußbett verfügen. Das Material, meist stoffbezogener Schaumstoff, muss leicht und atmungsaktiv sein. Je stärker die Polsterung ist, umso angenehmer ist der Tragekomfort, allerdings geht das unmittelbare Gefühl für den Untergrund verloren –

Neulingen auf den Rollen ist eher ein höherer Schaft zu empfehlen, der untrainierte Fußgelenke stützt und vor einem Umknicken bewahrt. Könner wählen häufig niedrigere Schafthöhen, die mehr Bewegungsfreiheit bieten.

Die richtige Ausrüstung

die Stiefel fühlen sich »schwammiger« an. Für »Problemfüße« eignen sich Innenschuhe aus einem so genannten Memory foam. Der spezielle Schaum passt sich der Fußform nach einiger Zeit des Tragens an bzw. wird durch Erhitzen angepasst. Wichtig ist, dass die Zehen genug Platz haben und die Ferse trotzdem gut fixiert ist. Nur bei Speedskates dürfen die Zehen vorne anstoßen, wenn man aufrecht steht.

So finden Sie den richtigen Skate

Achten Sie beim Einkauf auf die Fußgelenkstabilität: Knickt der Schaft am Knöchel seitlich leicht ein, bietet der Skate wahrscheinlich nicht genug Halt.

- Probieren Sie verschiedene Modelle an. Haben Sie den Eindruck, dass ein Schuh optimal sitzt und Sie sich darin wohl fühlen, sind Sie auf dem richtigen Weg.

- Kaufen Sie Skates am Nachmittag. Dann haben sich Ihre Füße wie bei sportlichen Belastungen ausgedehnt.

- Ziehen Sie dünne Socken an. Spezielle Inlinesocken sind rutschfest und nur an nötigen Stellen gepolstert: Sie vermeiden Druckstellen. In einer dicken Socke fängt der Fuß an zu »schwimmen«.

- Die Ferse muss fest im Stiefel sitzen und darf beim Gehen/Fahren nicht hochrutschen. Der Innenschuh muss zwar über dem Spann gut sitzen, darf aber nicht zu kurz sein: ein bis zwei Zentimeter Spiel an den Zehen und in der Schuhspitze sind okay.

- Nach vorne sollten Sie Ihr Sprunggelenk leicht bewegen können. Skates mit sehr steifem Schaft und ohne Gelenk erschweren ökonomisches Fahren.

- Viele Hersteller bieten Frauenskates an. Der Leisten ist auf die typische Form eines Frauenfußes zugeschnitten. Außerdem haben sie ein schmaleres Fußbett und einen niedrigeren Schaft. Der Grund: Frauen haben einen tieferen Ansatz der Wadenmuskulatur. Ein zu hoher Schaft drückt oft und behindert die Kraftübertragung.

- Sind Sie ein geübter Schlittschuh- oder Skilangläufer, können Sie zu hochwertigen, schnellen Skates greifen. Bei wenig Gleit- oder Rollerfahrung erleichtern Stiefel mit einem hohen, festen Schaft die Balance auf den Rollen.

Schnallen und Schnürung

Hardboots sind meist mit drei Ratschenschnallen versehen. Diese lassen sich schnell schließen und öffnen, können bei starker Beanspruchung aber leicht aufgehen oder brechen. Ein Schuh zum Schnüren kann individueller an die Fußform angepasst werden, was relevant ist für den Tragekomfort. Besonders wichtig ist dies im Hockey-, Speed- und Stuntbereich.

Durchgesetzt hat sich eine Kombination aus Schnürung und Schnallen. Der Vorfuß wird durch eine Schnürung im Stiefel fixiert, der Schaft am oberen Rand mit einer Schnalle geschlossen.

Dämpfungselemente

Um den Fahrkomfort zu verbessern, werden häufig Dämpfungselemente in die Skates integriert. Dies sind meist dünne Platten aus neoprenartigem Materia , die zwischen Schiene und Schuh gelegt werden, oder flache Gelkissen, die zwischen Innenschuh und Schale liegen. Die Dämpfer sollen die kleinen Unebenheiten des Asphalts absorbieren und die Reizung der Fußsohlen minimieren.

Bei einem Test für das Magazin FIT FOR FUN zeigte sich, dass schon vier Millimeter dünne, neoprenartige Platten zwischen Schiene und Schuh für mehr Fahrkomfort auf rauem Asphalt sorgen. Diese Annehmlichkeit hat aber auch unerwünschte Effekte. Nachteil einer sehr weichen Federung: Es geht das Gefühl für den Abdruck verloren, und die Kraftübertragung wird schlechter. Man sollte sich also überlegen, welche Prioritäten man beim Skaten setzt – weicher Fahrkomfort oder direkte Kraftübertragung.

Mit den von Skischuhen mittlerweile gewohnten Ratschenschnallen kommt man zwar schnell und bequem in die Skates, die Passform ist aber nicht immer optimal. Wer sich für diese Schließung entscheidet, sollte bei den Schnallen auf Leichtgängigkeit und stabiles Material achten.

Das Bremssystem

Die meisten Skates sind mit einer Bremse ausgestattet. Bei den Speed-, Hockey- oder Stuntschuhen wird diese oft abmontiert, da sie beim Fahren stört und andere Bremstechniken angewandt werden. Die Stopper sind hinter der letzten Rolle am rechten Skate angebracht (sie können meist auch auf den linken Skate geschraubt werden).

Das Prinzip ist fast immer das Gleiche: Der Stopper kommt zur Wirkung, wenn der rechte Skate vorgeschoben und die Fußspitze angehoben wird. Die Reibung des Bremsgummis auf dem Asphalt bremst den Skate ab.

Die richtige Ausrüstung

Ein Kuriosum – Offroadskates

Querfeldein auf Skates – dafür gibt es inzwischen sogar das passende Equipment. Das reine Vergnügen ist das aber auch mit Offroadskates nicht: Tempo, Wendigkeit und unbeschwertes Dahinrollen sind eben doch nur auf glatter Fahrbahn möglich.

Offroadskate der Firma Rollerblade.

Ziemlich exotisch sind die Offroadskates. Markantes Merkmal sind die sehr dicken und großen Ballonreifen in einer breiten Schiene. Die Offroadskates sind zum Downhillfahren auf Feldwegen und Schotterpisten gedacht. Richtig laufen lässt sich mit diesen Skates allerdings nicht. Sie sind eher als Marketinggag der Hersteller zu sehen denn als ernsthaftes Konzept, den Skatesport auch auf anderen Wegen als asphaltierten Straßen zu ermöglichen.

Die Schienen und Rollen

Das eigentliche »Herz« des Skate liegt unter dem Schuh: nämlich die Schienen und Rollen. Für die unterschiedlichen Anwendungsbereiche beim Skaten gibt es auch verschiedene Rollen. Das Profil reicht von spitzer über runde bis zur flachen Wölbung. Die Rollen bestehen aus

Die Eigenschaften der Rollen

einem Polyurethan- oder Alukern, der die zwei Kugellager aufnimmt, und einem massiven Mantel aus Polyurethan als Lauffläche. Die Slicks entscheiden über Laufruhe, Beschleunigung, Rollwiderstand und den Grip (Griffigkeit) bei Drehungen und Kurvenfahrten.

Das Rollenprofil und die -größe

Das Profil hat deutlichen Einfluss auf die Laufeigenschaften. Je spitzer es ist, umso geringer sind Reibung und Rollwiderstand. Hohes Tempo kann damit problemlos erreicht werden. Die Nachteile: hoher Verschleiß der Rollen und sehr kippelig. Aggressiveskater (siehe Seite 83ff.) bevorzugen Rollen mit flachen Profilen, die eine große Auflagefläche haben. Diese Rollen sorgen für einen stabileren Stand, erhöhen allerdings gleichzeitig auch den Rollwiderstand.

Runde Profile sind der beste Kompromiss aus geringem Rollwiderstand, guter Haftung und Standfestigkeit. Sie werden von Hockeyspielern genutzt, aber auch bei Einsteiger- und Juniorskates verwendet.

Als Rollengröße wird der Außendurchmesser in Millimeter angegeben. Er reicht von 50 bis 82 Millimeter. Je größer der Durchmesser ist, desto größer sind Geschwindigkeit und Laufruhe. Kleine Rollen haben bessere Beschleunigungswerte und sind wendiger. Außerdem liegt der Schwerpunkt tiefer.

Ein spitzes Rollenprofil lässt den Skater schnell auf Tempo kommen. Für Anfänger ist ein abgerundetes Profil besser geeignet, weil es mehr Bodenhaftung und Stabilität bietet, ohne die Wendigkeit allzusehr zu beeinträchtigen.

Die Eckwerte für Rollengröße und -profil

Rollengröße	50 mm	bis	82 mm
Beschleunigung	Hoch		Gering
Profil	Flach		Spitz
Tempo	Niedrig		Hoch

Empfehlungen für verschiedene Einsatzbereiche
- *Kids:* 64–72 mm/rund
- *Einsteiger/Recreation:* 70–76 mm/rund
- *Fitness:* 76–80 mm/rund–spitz
- *Speed:* 76–82 mm/spitz
- *Stunt/Aggressive:* 50–66 mm/flach
- *Hockey:* 70–74 mm/rund

Die Rollenhärte und Rebound

Die Härte der Gummimischung bestimmt die Haftung und Dämpfung. Gemessen wird die Härte in Durometer (A), von 74 A (weich) bis 100 A (sehr hart). Weiche Rollen sind für rauen, schwierigen Untergrund besser geeignet. Unebenheiten und kleine Löcher werden »geschluckt«, der Fahrstil wird softer. Sie verschleißen aber sehr schnell. Aggressivefahrer bevorzugen harte Rollen, obwohl diese Schläge schlechter absorbieren. Doch sie geben ein besseres Gefühl für den Untergrund und rutschen beim Sliden leichter als weiche Rollen. Der Rebound ist ein Maß für die Elastizität der Rolle. Er hängt von der Härte der Gummimischung und der Felge ab. Eine Speichenfelge hat einen weicheren Rebound als massive Felgen. Ein harter Rebound garantiert eine gute Kraftübertragung der Beinaktionen auf den Asphalt, ein schwacher Rebound »schluckt« den Kraftaufwand und bringt weniger Druck auf die Straße.

Die Schiene

Die Schiene (Frame) ist mit dem Schuh vernietet oder verschraubt und besteht meist aus Aluminium, aus Karbon oder einem Glasfaser-Kunststoff-Mix. Die Kraft wird über die Schiene auf die Rollen und dann auf die Straße übertragen. Ist die Schiene zu weich, geht viel Energie verlo-

Noch selten auf dem Markt sind Rollen mit Profil, die bei Regen mehr Sicherheit bieten sollen. Das Problem dabei: Die Profile sind durch die hohe Belastung beim Skaten sehr schnell verschlissen.

Die Eckwerte für die Rollenhärte

Rollenhärte	74 A (weich)	bis	100 A (hart)
Verschleiß	Hoch		Gering
Bodenhaftung	Gut		Schlecht
Dämpfung	Gut		Schlecht

Empfehlungen für verschiedene Einsatzbereiche

- *Rauer Asphalt: 75–78 A*
- *Kunststoff (Halle): 75–81 A*
- *Feiner Asphalt: 80–84 A*
- *Feiner Beton: 82–86 A*
- *Halfpipe/Rampen: 88–95 A*
- *Rails: 96–100 A*
- *Kids: 78–84 A*
- *Einsteiger/Recreation: 78–82 A*
- *Fitness: 78–84 A*
- *Speed: 78–86 A*
- *Stunt/Aggressive: 80–100 A*
- *Hockey: 76–83 A*

ren. Daher sind gute Fitness- und Speedskates fast ausschließlich mit Aluschienen ausgestattet. Verstellbare Schienen lassen sich an Ihren persönlichen Laufstil anpassen. Knicken Sie eher nach innen ein, verschieben Sie die Schiene unter dem Ballen etwas nach innen. Knicken Sie nach außen, entsprechend umgekehrt. Die Schiene ist richtig platziert, wenn Sie in geöffneten Skates sicher und zentral über den Rollen stehen, ohne wegzuknicken.

Je länger die Schiene ist, umso spurtreuer und laufruhiger wird der Skate – allerdings zu Lasten der Drehfreudigkeit. Die Wendigkeit ist bei einer kurzen Kufe besser. Sind die Rollen in der Schiene höhenverstellbar, ist ein Rockering möglich.

Aluminiumschienen sind die beste Wahl bei Skates. Sie sind qualitativ hochwertig und abgesehen von hohen Sprüngen allround einsetzbar. Speedskates haben oft Alu-Frames mit Speziallegierungen, die besonders steif und leicht sind.

Der Trick mit dem Rockering

● Positive Rockering beschreibt, dass die erste und letzte Rolle höher gelegt sind. Der Effekt: Der Schuh wird drehfreudiger und wendiger. Beim Streethockey wird dies teils gemacht, häufiger aber werden vorne zwei kleinere Rollen verwendet: Dadurch wird die Wendigkeit ebenfalls erhöht, und die Standposition wird niedriger und damit besser.

● Negative Rockering meint, dass die beiden mittleren Rollen höher liegen oder kleiner sind als die äußeren. Diese Einstellung wird zum Teil von Streetskatern verwendet, die viel grinden.

Die Kugellager

Als Qualitätskriterium für die Kugellager (Bearings) gilt die ABEC-Wertung (Annular Bearing Engineers Committee). Diese Werteskala unterteilt die unterschiedlichen Qualitätsstufen in ABEC 1, 3, 5, 7 bis 9. Je höher die Zahl ist, umso größer ist die Laufgenauigkeit des Lagers. Die ABEC-Zahl sagt aber nichts über die Geschwindigkeit des Lagers aus, sondern nur über die Laufruhe. So muss ein ABEC-5-Lager nicht besser sein als ein ABEC-3-Lager. Wichtig für die Qualität sind die Herstellungsgüte und Verarbeitung des verwendeten Materials.

Bestandteile der Lager sind Außenring, Lagerschale, Sprengring, Lagerkäfig, Kugeln und Innenring. Als Schmierstoffe werden Fette, Öle und auch Gelstoffe verwendet (siehe Pflegetipps, Seite 25). In hochwertigen Speedskates werden Mini-Bearings verwendet. Der Vorteil: bessere Beschleunigungswerte und ca. 200 Gramm Gewichtsersparnis pro Skate. Die Bezeichnung »Z« oder »RS« besagt, dass lediglich auf

Die richtige Ausrüstung

einer Seite des Lagers Dichtungsscheiben sind, die andere Seite ist offen. Sie müssen also regelmäßig gesäubert und gefettet werden. ZZ- und 2RS-Lager haben auf beiden Seiten Dichtungsscheiben und sind daher wartungsfrei. Bei Fitnessskates haben sich Lager der Qualitätsstufen 3 oder 5 durchgesetzt. Nur in sehr guten Skates und Speedschuhen sind hochwertigere Lager serienmäßig. Die Kosten für Lager sind auch ein Grund, warum identisch aussehende Skates unterschiedliche Preise haben. Normale Lager haben sieben Kugeln, hochwertigere acht. Dies macht sich jedoch kaum in der Geschwindigkeit bemerkbar.

Wie leicht sich die Rollen im Geschäft mit der Hand drehen lassen, sagt nicht unbedingt etwas über die Qualität aus. Häufig sind die Lager mit Dauerschmierstoffen gefettet und müssen erst ein paar Kilometer »eingelaufen« werden.

Der Qualitätscheck beim Skatekauf

● Achten Sie auf die Stabilität der Schiene. Sie sollte leicht und steif sein. Halten Sie die Schiene an der ersten und letzten Rolle, und versuchen Sie sie zu verdrehen. Lässt sich die Schiene stark biegen, ist sie zu weich.

● Gute Skates haben Schienen aus Aluminium, Karbon oder Kunststoff-Glasfaser-Mischungen. Unbedingt Finger weg von Skates, bei denen Schale und Schiene aus einer Spritzgussform sind! Besser ist es, wenn die Schiene ein eigenes Teil ist.

● Überprüfen Sie die Fußgelenksstabilität. Lassen sich die Skates am Knöchel leicht eindrücken, bietet die Schale nicht genug seitlichen Halt.

● Der Bremsklotz muss aus Gummi, einstell- und austauschbar sein. Plastik als Bremsstoppermaterial ist mindere Qualität.

● Achten Sie bei Hardboots darauf, dass genügend Lüftungsschlitze für eine angenehme Luftzirkulation sorgen. Softboots sehen zwar luftiger aus, können aber genauso zur Fußsauna werden. Atmungsaktive Materialien wie »Coolmax« oder luftdurchlässige Mesh-Stoffe sorgen für ein besseres Klima im Schuh.

● Der Innenschuh sollte waschbar und an den Knöcheln ausreichend gepolstert sein. Die Zunge darf nicht verrutschen.

Die Spacer und Achsen

Die Spacer halten die zwei Kugellager jeder Rolle auf Distanz. Sie sind aus Nylon, Alu, Messing oder Bronze gefertigt. Kunststoffspacer verformen sich oder reißen leicht durch den seitlichen Druck in der Abstoßphase und die hohen Temperaturen aufgrund der Rollreibung. Alu- bzw. Messing- und Bronzespacer sind hochwertiger.

Die Achsen müssen ebenfalls genau gefertigt sein, um kein unnötiges Spiel und damit Verluste bei der Kraftübertragung zwischen Fuß und Asphalt zuzulassen.

Achten Sie auf die Feinheiten: Ob Kleinteile wie die Spacer aus billigem Kunststoff oder verschleißfesterem Metall sind, kann schon einen Preisunterschied rechtfertigen.

Boxenstopp – richtige Pflege und Wartung

Das Gute vorweg: Inlineskates sind sehr pflegeleicht und bedürfen nur geringer Wartung. Dennoch: Um die Lebensdauer der Skates, speziell der Lager, zu verlängern und den Rollspaß nicht übermäßig stark zu bremsen, sollten Sie die folgenden Tipps beachten.

Rollen tauschen

Am meisten macht sich der Verschleiß bei den Rollen bemerkbar. Abhängig von der Fahrtechnik, dem Körpergewicht, der Rollenhärte sowie den bevorzugten Strecken (rauer oder glatter Asphalt) laufen sich die Räder auf den Innenseiten stärker ab als auf der Außenseite. Sie sollten Ihre Skates also nach ca. 50 bis 70 Kilometer einer kleinen Inspektion unterziehen und beim Boxenstopp die Rollen durchtauschen. Da sich die vorderen und hinteren stärker abnutzen als die mittleren, sollten Sie beim Reifenwechsel nach folgendem Schema vorgehen.

Regelmäßiger Rollentausch verhindert, dass Sie allzu oft neue Räder kaufen müssen.

Die richtige Ausrüstung

Die Grafik zeigt genau, welche Rollenpaare getauscht werden müssen (Quelle: Begleitheft für K2-Inlineskates).

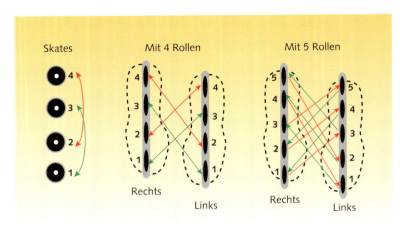

Skates sind pflegeleicht, man braucht also keineswegs einen ganzen Wartungskoffer. Ein paar Handgriffe, wie z. B. der rechtzeitige Austausch der Rollen, kann die Fahrqualitäten aber erheblich verlängern.

So wird's gemacht

Die Räder sind von vorne nach hinten von eins bis vier durchnummeriert. Sie tauschen Rolle eins und drei und zwei und vier vom linken und rechten Skate aus und drehen sie so, dass die Innenseite nach außen zeigt. Beim nächsten Mal passiert das Ganze umgekehrt. Warten Sie nicht zu lange mit dem Umsetzen der Rollen, so dass sie sich möglichst gleichmäßig abnutzen.

Wenn die Rollen ausgebaut sind und Sie die Schiene bzw. Rollenkerne mit einem Tuch reinigen, achten Sie darauf, dass kein Dreck in die Lageröffnungen gedrückt wird. Ist das Profil zu weit heruntergefahren, hilft nur noch ein kompletter Reifenwechsel. Um die Kugellager aus den alten Felgen herauszudrücken, empfiehlt es sich, das passende Werkzeug (Skate-Tool) zu verwenden. Schraubenzieher oder Zangen sind nicht sehr sinnvoll – entweder Sie verletzen sich selbst oder zerstören die Lager/Spacer.

Die Schienen kontrollieren

Wenn die Schienen geschraubt sind, sollte man in regelmäßigen Abständen (alle 50 bis 70 Kilometer) den festen Sitz überprüfen. Auf die Schiene wirken durch die Abstoßbewegungen und Vibrationen auf rauem Asphalt große Kräfte. Dadurch können sich die Schrauben lockern. Einfach wieder mit einem Schraubenzieher oder dem mitgelieferten Inbusschlüssel fixieren.

Die Bremsen wechseln

Wenn Sie viel mit dem Heel-Stop (siehe Seite 57) bremsen, wird sich das Gummi schnell abnutzen. Das Austauschen lässt sich bei den meisten Modellen mit dem Lösen einer Schraube bewerkstelligen. Richtig eingestellt ist die Bremse, wenn Sie die Zehen nicht zu stark anheben müssen, um eine Wirkung zu erzielen. Manchmal ist der Bremsklotz zu hoch eingestellt. Passen Sie ihn dann Ihrem Laufstil an.

Die Kugellager reinigen und fetten

Je nach Qualität der Lager müssen diese von Zeit zu Zeit geschmiert und auch gereinigt werden. Insbesondere wenn man im Herbst auf nassen und dreckigen Straßen gelaufen ist, kann es im Kugellager schon mal knirschen und knacken. Normales Lagerfett hat sich als Schmierstoff bewährt. Bei Fettschmierungen müssen die Kugellager zuerst auf Betriebstemperatur gebracht werden, damit sich das Fett verflüssigt und entsprechend leichtgängig wird. Lagerfett ist Wasser abweisend und erfordert weniger Wartung als die Ölschmierung. Dafür hat Öl den Vorteil, dass die Lager von vornherein sehr leichtgängig laufen.

Hochwertige Lager sind meist gut gegen äußere Einflüsse abgedichtet, so dass hier eine gezielte Schmierung vernachlässigt werden kann.

Besonders bei Anfängern, die noch nicht so geschickt mit Ausweich- und Bremsmanövern sind, ist der Bremsklotz ein Verschleißteil, das man im Auge behalten muss. Erneuern Sie abgenutzte Gummis rechtzeitig.

So wird's gemacht

Sie brauchen folgende Utensilien: Lappen, Skate-Tool, zwei Inbusschlüssel, einen kleinen spitzen Schraubenzieher, ein altes, stabiles Messer und einen Entfetter (Zitrusreiniger oder Waschbenzin). Und so geht's:

- Rollen mit dem Inbusschlüssel ausbauen.
- Lager mit dem Skate-Tool aus den Felgen drücken.
- Lager und Kugeln putzen. Zum Öffnen der Lager den kleinen Sprengring mit dem Schraubenzieher oder Messer lösen.
- Kugeln und Lagergehäuse zum Entfetten in ein »Bad« mit Zitrusreiniger oder Waschbenzin geben. Die Teile kurz einweichen; wenn sich der Dreck gelöst hat, mit klarem Wasser ausspülen und trocknen.
- Einfetten und zusammenbauen. Mit Öl (ein Tropfen pro Lager reicht) oder Kugellagerfett die Kugeln schmieren und den Lagerdeckel wieder auf das Gehäuse setzen. Zuerst das eine Lager in den Rollenkern drücken und von der anderen Seite den Spacer. Dann das zweite Lager einsetzen. Die Rollen wieder einschrauben – fertig.

Das weitere Zubehör

Rund um den Inlineskatesport wird verschiedenes Zubehör angeboten. Manches davon ist absolut unverzichtbar und gehört auch zur Erstausstattung unbedingt dazu, wie beispielsweise Schützer, anderes kann je nach speziellem Skateinteresse nach und nach angeschafft werden und dient in der Hauptsache dazu, den Rollspaß zu vereinfachen oder angenehmer zu gestalten.

Die Hand-, Knie- und Ellenbogenschützer werden immer kleiner und komfortabler, ohne die Schutzfunktionen zu verschlechtern.

Schützer – gehen Sie auf Nummer sicher

Verzichten Sie nie auf Schützer. Selbst wenn Sie schon richtig gut fahren, irgendjemand kann Ihnen immer in die Quere kommen. Zur Standardausrüstung gehören Knie- und Ellenbogenschoner sowie Wrist-Guards, also Schützer für das Handgelenk.

Achten Sie bei den Schonern darauf, dass sie atmungsaktiv bzw. aus luftdurchlässigen Mesh-Materialien gefertigt sind. Die Schoner werden immer kleiner, um den Tragekomfort zu erhöhen und auch ästhetischen Gesichtspunkten zu genügen.

Worauf Sie achten sollten

- Die Schützer müssen fest sitzen, ohne zu kneifen. Ständiges Zurechtrücken der Schoner nervt. Anatomisch geformte Protektoren liegen besser an.
- Die Protektoren sollen schützen, dürfen aber nicht die Bewegungen einschränken.
- Meist werden die Protektoren durch zwei Klettbänder angelegt. Durch das ständige Bewegen der Knie können sich einfache Klettverschlüsse leicht lösen. Doppelte halten entsprechend besser.
- Der äußere Stoff sollte aus robustem und abriebfestem Material (Cordura) bestehen, das nicht gleich aufreißt, wenn die Schoner mal zum Einsatz kommen. Das Innenmaterial sollte aus weichem Schaumstoff oder Gelkissen sein, um eine optimale Anpassung an die Gelenke zu ermöglichen.

Handfester Schutz: Kunststoffschienen an der Innen- und Außenseite der Wrist-Guards bewahren das Gelenk vor Verletzungen.

Fitnessschützer

Die Ellenbogen- und Knieschützer bestehen aus einer weichen Schaumstoffpolsterung innen und einer harten Plastikschale außen, die den Aufprall bei Stürzen absorbieren bzw. ein Gleiten über den Asphalt möglich machen. D e so genannten Wrist-Guards müssen die Handinnenflächen schützen und die Sturzenergie umleiten.

Aggressiveschützer

Stürzen gehört bei den Halfpipe- und Streetfahrern zum Geschäft. In der Halfpipe werden die meisten Stürze über die Knie abgefangen – und da können punktuelle Belastungen von bis zu 500 Kilogramm auf die Kniescheibe einwirken. Einfache Plastikschoner würden zerspringen, deshalb ist die Ausrüstung robuster. Die Knie- und Ellenbogenschützer sind anatomisch vorgeformt, das dämpfende Schaummaterial ist dicker und die austauschbaren Kunststoff-Hartkappen (Recaps) stabiler. Oft verwenden die Kids auch Hosen mit integrierten Kunststoffplatten an der Hüfte, die beim seitlichen Hinfallen schützen.

Gelegentliche Stürze lassen sich beim Skaten manchmal nicht vermeiden. Das muss kein Beinbruch sein, wenn Sie Schützer tragen und die wesentlichen Sturztechniken beherrschen (siehe Seite 63ff.).

Hockeyschützer

Wer Inlinehockey intensiv betreiben will, benötigt eine umfangreichere Ausrüstung. Angelehnt an die Eishockeykluft gehören beim Inlinehockey dick gepolsterte Handschuhe, Helm, massive Ellenbogen-, Knie- und Schienbeinschoner sowie Schulterpanzer und eine gepolsterte Hose zur Ausstattung. Ein Mundschutz kann unangenehme Folgen bei Ball- oder Schlägertreffern sowie Ellenbogenchecks verhindern.

Nie »oben ohne«

Grundsätzlich empfiehlt es sich, einen Helm zu tragen. Bei Einsteigern erhöht er das subjektive Sicherheitsgefühl, bei Speedskatern können Stürze bei hohen Geschwindigkeiten (bis zu 45 Kilometer pro Stunde) sonst zu bösen Verletzungen führen.

Hockeyspieler und Aggressivefahrer (siehe Seite 83ff.) in der Halfpipe tragen ohnehin einen. Die Bauweise der speziellen Inlinehelme ist vergleichbar mit der klassischer Fahrradhelme. Eine harte PU-Schale und Schaumstoff als Dämpfungsmaterialien sind leicht und trotzdem effektiv.

Auf Sicherheit setzen

Anzumerken bleibt, dass man Speedskater oft ohne Ellenbogen-, Knieoder Handschützer fahren sieht. Aufgrund der starken Beugung der Knie- und Ellenbogengelenke sind die Schützer störend und schränken die optimale Bewegungsausführung ein.

Das sollte man aber nicht als Argument heranziehen, um selbst als erfahrener Skater auf die Protektoren zu verzichten. Denn mit dem Fahrkönnen steigen auch Geschwindigkeit und Risikobereitschaft, was wiederum die Verletzungsgefahr erhöht. Auf den Fahrtechnikfotos haben wir zum Teil auf die Schützer verzichtet, um die Bewegungsausführung bzw. Gelenkstellungen deutlicher zeigen zu können.

Was sonst für Skater nützlich sein kann

Speedmesser

Wer nur zum Spaß ein bisschen rollt, braucht sie nicht, aber für alle, die Skates als Trainingsgeräte einsetzen, sind Geschwindigkeitsmesser nützlich. Mit den Speedmessern lassen sich die momentane, die Spitzengeschwindigkeit und die gefahrene Distanz ablesen. Manche Systeme können noch einiges mehr und sind kombinierbar mit Pulsmessern und Kalorienzählern. Bislang sind drei Systeme auf dem Markt:

● Speedometer von Mikrosport: Bei diesem Gerät wird eine Rolle ausgetauscht, die mit einem Minicomputer ausgestattet ist und Signale an den Mikrochip in der speziellen Armbanduhr überträgt.

Spezialkleidung? Für Skater kein Thema. Von den Schlabberhosen der Street-Kids bis zum Bikini an kalifornischen Stränden ist alles möglich, was ausreichend Bewegungsfreiheit garantiert.

Inline-Accessoires

- Beim Inlinecomputer von Sigma erfolgt die Signalübertragung über Kabel. Daher wird der Minicomputer mit Display am Skate angebracht. Die Messergebnisse sind zwar genau, man braucht aber Adleraugen, um die Zahlen am kleinen Display abzulesen.
- Inlinetacho von Ciclosport mit Funkübertragung und Kombination mit Herzfrequenzmessung: Hier wird mit einem Brustgurt die Herzfrequenz ermittelt und kann zusammen mit der momentanen Geschwindigkeit direkt vom Display an der Uhr abgelesen werden.

Tacho am Treter – der Speedmesser von Sigma.

Beleuchtung
Um auch in der Dunkelheit erkannt zu werden, hat die Firma K2 eine Beleuchtung für Skates entwickelt, die sich an jeden Schuh mit wenigen Handgriffen anbauen lässt. Mit Batteriestrom wird das rote und weiße Licht gespeist.

Klingel
»Achtung, weg da!« Wer es leid ist, ständig jemanden aus dem Weg zu brüllen, kann sich auch eine Klingel um den Daumen schnüren bzw. am Wrist-Guard befestigen. Sieht allerdings ein bisschen albern aus, und ein freundliches und persönliches »Achtung« ist immer noch netter als das Gebimmel.

Mundschutz
Eine sinnvolle Ergänzung zu Helm und Protektoren ist auf alle Fälle der angepasste Mundschutz. Bei Stürzen lassen sich Verletzungen im Mundbereich reduzieren. Dies ist besonders für Kids und Hockeyspieler interessant.

Links zur Ausrüstung
- www.bont.com
- www.k2sports.de
- www.sico.de
- www.raps.nl
- www.roces.it
- www.rollerblade.com
- www.tecnicausa.com
- www.salomon-sports.com
- www.powerslide.de
- www.missionrh.com
- www.mircosport.de

Sicherheit auf Rollen

Statistik mit erfreulichen Ergebnissen

Inlineskaten – gefährlich oder gesund?

Der gesundheitliche Nutzen vom Skaten ist eigentlich unbestritten. Die moderate Herz-Kreislauf-Anforderung, die niedrige Belastung der Gelenke, die Verbesserung der Bewegungskoordination – alles positive Attribute, mit denen sich Inline schmücken kann. Kritiker hingegen führen ins Feld, dass Inlineskaten zu gefährlich und Ursache vieler Unfälle sei und das Gesundheitssystem viele Millionen DM im Jahr koste.

Ein Sport – besser als sein Ruf

Eine Untersuchung aus dem Jahr 1996 von 485 jugendlichen und erwachsenen Ausdauerskatern (siehe Literaturverzeichnis; Schulz et al.: »Inlineskating als Ausdauertraining«) zeigte ein recht erfreuliches Bild. Bezogen auf 1000 Skatestunden kam es bei den Jugendlichen nur zu 0,16 Verletzungen, bei den Erwachsenen zu 0,37. Zum Vergleich: Beim Fußball (Amateurstatus) treten 7,6 Verletzungen pro 1000 Stunden auf. 16 Prozent bei den Jugendlichen und acht Prozent bei den Erwachsenen gaben an, sich bereits ernsthafte Blessuren zugezogen zu haben. Drei Viertel dieser Verletzungen mussten ärztlich behandelt werden. Zwar waren die unteren Extremitäten mit 35,9 Prozent am häufigsten in Mitleidenschaft gezogen, aber die schweren Verletzungen traten an den Armen und Händen auf. 72 Prozent waren Knochenbrüche. Eine neuere Studie der Planungsgemeinschaft Verkehr in Hannover (erfasst wurden die Bundesländer Baden-Württemberg, Berlin, Brandenburg, Bremen, Niedersachsen, Nordrhein-Westfalen, Rheinland-Pfalz und Saarland) kam für das Jahr 2000 zu folgenden Ergebnissen:

- Summe der gemeldeten Unfälle: 316.
- Fast 40 Prozent der Unfälle traten beim Überqueren von Straßen auf, auf Radwegen waren es lediglich sechs Prozent.
- 33 Prozent der Verletzen sind zwischen 10 und 14 Jahre alt.
- Der Großteil (60 Prozent) der Verletzungen ist leichter Art.
- 51 Prozent der Verunglückten trugen keine Schutzausrüstung.

Gemessen an anderen Sportarten und daran, dass Inlineskaten viele Sportmuffel motiviert, wieder aktiv zu werden, bleibt festzuhalten, dass Skaten eine relativ ungefährliche Sportart mit hohem gesundheitlichem Nutzen ist.

Sicherheit auf Rollen

> **Typische Verletzungen**
>
> Ältere statistische Untersuchungen über die Art und Lokalisationen der Verletzungen beim Inlineskaten schwanken zwar, lassen jedoch Tendenzen erkennen.
>
> ● Am häufigsten treten Schürfwunden, Gelenkverstauchungen, Brüche und Weichteilquetschungen auf.
>
> ● Besonders gefährdet sind die Hände und die Unterarme. Bei Stürzen erfolgt häufig ein reflektorisches Abstützen mit den Händen, das dann zu schweren Verstauchungen oder Brüchen der Handgelenke oder Unterarme führt.

Meist krankt es an der Bremstechnik

Ursache für die Stürze waren sehr häufig fehlende Bremstechniken. 25 Prozent gaben an, durch Festhalten an irgendwelchen Gegenständen zum Stehen zu kommen; relativ häufig wurde auch Fallen als Notstopp genannt. Setzt man diese Zahlen in Bezug zu der hohen Anzahl an Autodidakten – nur vier Prozent der Erwachsenen und 0,4 Prozent der Jugendlichen haben eine Skateschule besucht –, liegt hierin vielleicht ein Lösungsansatz für eine stärkere Prophylaxe: Der Kurs in einer Inlineskatingschule vermittelt Ihnen von Grund auf, wie die flotten Rollen wieder zum Stehen kommen. Außerdem befreit das Üben in der Gruppe von dem Druck, sich gleich als Könner auf der Straße präsentieren zu wollen und folglich zu schnell und zu riskant loszulegen.

Tipp Adressen von Inlineskatingschulen in Ihrer Nähe erhalten Sie über den D.I.V., Tel. 0 62 57/96 22 36, und auf Seite 172f.

Alles, was Recht ist

Skater sind doch eigentlich alle Verbrecher. Oder welcher Inliner kann von sich behaupten, nicht schon mal auf einem Fahrradweg, einer einsamen, unbefahrenen Landstraße oder mit über sieben Stundenkilometer durch eine Einkaufspassage gerollt zu sein? Bringt ja auch Spaß, ist aber verboten.

Das Problem: Seitdem die Inliner zum Massenphänomen geworden sind, sind die asphaltierten Bürgersteige und gepflasterten Einkaufspassagen ein heiß umkämpftes Terrain. In Fußgängerzonen, an belebten Plätzen, in öffentlichen Verkehrsmitteln und privaten Läden

Die Blade-Nights in vielen Städten sind offizielle Demonstrationen für bessere Rechte der Skater im Straßenverkehr. Ihre Popularität wächst. 1998 trafen sich 30 Skater zur nächtlichen Tour durch Berlin, im Sommer 2000 waren es zum Teil bis zu 40 000 Skater.

Maßgeblich – die Straßenverkehrsordnung

erfreuen sich die Skater unterschiedlicher Beliebtheit. Dabei sind die offiziell ausgewiesenen Plätze und Wege kaum zum Skaten geeignet. So liegt die mittlere Skategeschwindigkeit bei rund 15 Kilometer pro Stunde – also ähnlich wie bei Fahrradfahrern. Zudem benötigen Skater eine Spurbreite von etwa 1,30 Meter – breiter als mancher Fußweg. Der durchschnittliche Bremsweg beträgt bei 15 Kilometer pro Stunde 3,4 Meter und liegt damit deutlich höher als bei Bikern (2,0 Meter) oder Autofahrern (1,2 Meter). Es fehlt also an geeigneten Flächen, um gefahrlos zu rollen.

Was sagt der Gesetzgeber?

Bislang beschreibt der Paragraph 24 der Straßenverkehrsordnung (StVO) den juristischen Status quo. Danach werden Inliner den Fußgängern zugeordnet, die sich mit beiden Beinen bewegen und kein Fahrzeug im Sinne der Straßenverkehrsordnung führen. Denn Paragraph 24 Absatz 1 lautet: »Schiebe- und Greifreifenrollstühle, Rodelschlitten, Kinderwagen, Roller, Kinderfahrräder und ähnliche Fortbewegungsmittel sind nicht Fahrzeuge im Sinne der Verordnung.« Diese rechtliche Einordnung als Fußgänger bedeutet auch, dass Skater auf Landstraßen außerhalb geschlossener Ortschaften den linken Fahrbahnrand benutzen müssten. Jedoch hat das Oberlandesgericht Oldenburg im August 2000 entschieden, dass auf Landstraßen rechts geskatet werden muss (AZ: 9 U 71/99). Wie schnell Skater sein dürfen, ist gesetzlich nicht festgelegt. In der juristischen Praxis gehen die Verantwortlichen davon aus, dass ein Tempo über einer schnellen Fußgängergeschwindigkeit von sieben Kilometer pro Stunde zu einer Gefährdung der übrigen Verkehrsteilnehmer führen könnte. Wird man mit höherer Geschwindigkeit erwischt, ist man in einem Schadensfall als Skater mitverantwortlich.

Skaten in Spiel- und Wohnstraßen ist nach Paragraph 31 StVO erlaubt, denn Inlinen gehört zu den Kinderspielen und hat damit freie Bahn. Erlaubt ist das Skaten natürlich auch auf extra ausgewiesenen Plätzen und Anlagen.

Diese Verkehrszeichen weisen aus, dass Skater hier freie Fahrt haben.

Inlineskating ist erlaubt ...

... in Fußgängerbereichen

... auf dem Gehweg

... in verkehrsberuhigten Zonen

... auf speziell für Skater vorgesehenen Plätzen

33

Schön wär's – freie Fahrt auf Radwegen

Von verschiedenen Interessenvertretern werden immer häufiger gesetzliche Änderungen eingefordert, z. B. Inlineskaten dem Fahrradfahren gleichzustellen. Die Vorteile wären zwar, dass Skaten auf den Radwegen und manchen Straßen erlaubt wäre, doch die Nachteile überwiegen: Fußwege und Einkaufszonen dürften dann nicht mehr genutzt werden, im Dunkeln müsste man Licht mit sich führen.
Sinnvoller ist der Vorschlag, verschiedene Bereiche für das Skaten zu öffnen. So fordert der Deutsche Inline-Skate Verband (D.I.V.) z. B., Tempo-30-Zonen sowie Fahrradwege freizugeben. Hierzu laufen in verschiedenen deutschen Städten Studien, die die Möglichkeiten der Umsetzung überprüfen.

Links –
wo Sie nachts Gas
geben können
• www.bladenightberlin.com
• www.frankfurt-inline.de
• www.raramuri.de
• www.pari-roller.com
• www.bladenight.de

Regeln für rücksichtsvolle Skater

Da bislang die juristische Lage alles andere als praxisgerecht ist, hat sich beim Skaten ein Laisser-faire eingestellt. Skaten auf den Fahrradwegen wird fast immer geduldet, dasselbe gilt für einsame, kaum befahrene Landstraßen.
Die International Inline Skating Association (IISA) und der D.I.V. haben ein paar Regeln aufgestellt, an die sich alle Skater aus eigenem Interesse halten sollten, um ein kooperatives Miteinander der Fußgänger, Biker, Autofahrer und Skater zu ermöglichen:
● Stets so skaten, dass Sie die Situation überblicken.
● Legen Sie die komplette Schutzausrüstung (Ellenbogen- und Knieschützer, Wrist-Guards) an. Als Anfänger sollten Sie unbedingt zu einem Helm greifen.
● Auf allen Wegen stets rechts skaten.
● Zum Überholen von Fußgängern, Radfahrern und anderen Skatern die linke Seite benutzen.
● Fußgänger und Radfahrer haben Vorrang.
● Fahren Sie vorausschauend, seien Sie immer bremsbereit.
● Reduzieren Sie auf Bürgersteigen das Tempo.
● Umfahren Sie Verunreinigungen durch Wasser, Öl, Schmutz oder Sand großräumig.
● Skaten Sie »wach« und konzentriert durch die Welt: Besonders gefährlich sind beispielsweise plötzlich aufgehende Beifahrertüren von Autos, die gerade parken.

Warm-up für Cool Runnings

Anschnallen und abfahren: Skaten kann so einfach sein. Aber auf zwei Sachen sollten Sie nicht verzichten: auf Warm-up und Cool-down. Aufwärmen verstärkt die Durchblutung der Muskulatur, bringt den Kreislauf in Schwung und erhöht die Körpertemperatur. Außerdem beflügelt eine aktionsbereite, geschmeidige Muskulatur das Lerntempo. Und wenn Sie die Muskeln regelmäßig dehnen, bleiben Sie geschmeidig, elastisch und leistungsfähig. Zudem beugt Stretching Verspannungen und Verletzungen vor. Also: Nehmen Sie sich vor und nach einer Skatesession 10 bis 15 Minuten Zeit für die Muskelpflege.

Am Anfang sollten Sie sehr behutsam vorgehen bzw. die Betriebstemperatur der Muskulatur mit ein paar Übungen hochschrauben. Laufen Sie ein wenig auf der Stelle (ohne Skates), oder bringen Sie sich mit einem Springseil in Schwung.

Stretching gehört inzwischen zu jeder Sportart dazu. Es verbessert die Gelenkigkeit, da die Muskulatur geschmeidiger wird.

Darauf sollten Sie achten

Das Warm-up beim Skaten ist etwas tricky: Während man bei anderen Sportarten erst ganz leicht fünf bis zehn Minuten traben kann, um die Muskulatur für das Stretchen vorzubereiten, bringt es beim Skaten wenig, ein paar Meter auf den Rollen zurückzulegen, um sich dann zu dehnen. Die Gefahr, hinzufallen oder einen weiten Ausfall(roll)schritt zu machen, um die Balance zu halten, besteht von Beginn an. Deshalb erst aufwärmen und stretchen, dann in die Rollschuhe steigen.

Ihr Stretching-Workout

Eine einfache, aber trotzdem sehr effektive Stretchingmethode ist die statisch-passive Variante. Dies bedeutet nichts anderes, als dass Sie die Dehnung in der Muskulatur mit Hilfe äußerer Kräfte realisieren.
Und so funktioniert es: Dehnen Sie den Muskel langsam, bis Sie ein leichtes Ziehen spüren (keinen Schmerz!). In dieser Position verharren Sie 15 bis 30 Sekunden. Die Dehnungsintensität haben Sie genau dann

richtig dosiert, wenn Sie während dieser gehaltenen Dehnung spüren, dass das Spannungsgefühl im Muskel nach etwa zwei bis vier Sekunden deutlich nachlässt. Schließlich lösen Sie die Dehnung ganz langsam (niemals abrupt). Nach einer kurzen Pause, die in etwa der Länge der Dehnungsphase entspricht, stretchen Sie den Antagonisten (Gegenspielermuskel). Insgesamt wird jede Übung zwei- bis dreimal durchgeführt.
Vorteile dieser Methode:
- Leicht zu lernen
- Sehr effektiv
- Einsetzbar bei Warm-up und Cool-down
- Fördert die Entspannung

Ab der nächsten Seite haben wir typische Dehnübungen fürs Skaten zusammengestellt. Der Schwerpunkt liegt auf den besonders beanspruchten Muskelgruppen der Beine sowie der Rumpfmuskulatur.

Links – Fitnesstipps im Netz
- www.acefitness.org
- www.fitness-abc.de
- www.ticino.com/cbfunk/user/dehnung
- www.kriwat.de
- www.fasst.com
- http://inskate.com

Lockern beim Cool-down

Lassen Sie die Skatesession locker ausrollen, und dehnen Sie die Muskulatur erneut. So beugen Sie Verspannungen vor und beschleunigen durch die leichte Muskeltätigkeit den Regenerationsprozess. Abfallprodukte in den Muskeln wie Laktat (Milchsäure) werden beseitigt, und Ihre maximale Leistungsfähigkeit wird schneller wieder hergestellt. Haben Sie keine Möglichkeit, die Skates zum Stretchen auszuziehen, suchen Sie sich ein Stück Rasen oder Wiese. Hier ist der Rollwiderstand so groß, dass man recht sicher steht und das Stretchingprogramm auch mit Rollschuhen an den Füßen durchziehen kann.

So nicht – Fehler beim Stretching

- Vermeiden Sie auf jeden Fall ruckartige Bewegungen.
- Auch Nachfedern und Wippen in der Dehnposition sind kontraproduktiv und bergen Verletzungsgefahren.
- Halten Sie nicht den Atem an, auch wenn es mal zieht, sondern atmen Sie ruhig und gleichmäßig weiter.
- Versuchen Sie, sich bewusst zu entspannen.

Oberschenkel

Stretching für Skater

Adduktoren
2. Auf den Boden setzen. Die Fußsohlen gegeneinander legen und zum Körper ziehen. Die Knie Richtung Boden drücken, unter Umständen mit den Ellenbogen etwas nachhelfen.

Vorderer Oberschenkel
1. Aufrechter Stand; wenn möglich, mit einer Hand festhalten. Ein Bein anwinkeln und mit einer Hand um den Knöchel greifen. Den Fuß zum Gesäß ziehen und die Hüfte vorschieben, bis Sie ein Ziehen im Oberschenkelstrecker spüren.

Oberschenkelrückseite
3. Legen Sie einen Fuß erhöht auf, z. B. auf einer Bank oder einem Geländer. Beugen Sie sich mit dem Oberkörper vor, der Rücken sollte dabei gerade bleiben. Sie können dabei auch leicht mit dem Standbein einknicken.

Stretching für Skater

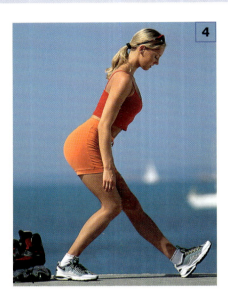

Wade I
4. Aus dem Stand den Rumpf mit geradem Rücken vorbeugen. Ein Bein vorstrecken, Fußspitze anziehen, das andere Bein beugen. Das Gewicht liegt auf dem gebeugten Bein. Zur besseren Balance können Sie sich auch mit den Händen oberhalb des Knies abstützen.

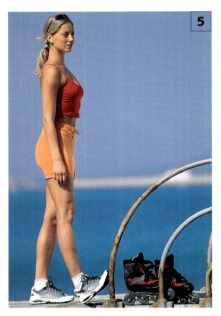

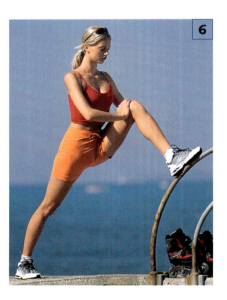

Wade II
5. Stellen Sie sich vor ein Geländer oder einen Kantstein, und ziehen Sie die Zehen hoch. Lehnen Sie sich mit dem ganzen Körpergewicht leicht nach vorne, bis Sie in der Wade ein Ziehen verspüren.

Hüftbeuger
6. Setzen Sie einen Fuß auf ein Geländer, einen Tisch oder eine Bank. Stützen Sie sich mit den Händen auf dem Knie ab, und schieben Sie die Hüfte vor. Der ganze Fuß des Standbeins bleibt auf dem Boden.

Oberkörper und Arme

Stretching für Skater

Brust/Schulter
7. Leichte Grätschstellung, in der Hüfte einknicken und den Rumpf vorbeugen. Halten Sie sich mit beiden Armen an einem Geländer oder einer Bank fest. Brust leicht in Richtung Boden drücken.

Seitlicher Nacken
9. Legen Sie den Kopf zur rechten Seite. Ziehen Sie nun mit der rechten Hand den Kopf leicht nach unten, und strecken Sie den linken Arm Richtung Boden. Danach Wechsel der Seite.

Twist-Sitz
8. Dehnt den unteren Rücken. Das linke Bein ausstrecken, das andere darüber kreuzen. Mit der rechten Hand aufstützen, den linken Ellenbogen gegen das aufgestellte Bein drücken. Nun den Oberkörper sanft nach rechts drehen. Zur anderen Seite wiederholen.

Trizeps
10. Einen Arm neben dem Kopf hochstrecken und den Unterarm beugen. Mit der anderen Hand am Ellenbogen ziehen.

Jetzt geht's los ...

Am leichtesten lernen Sie das Inlineskaten in einem Kurs einer guten Inlineskatingschule. Solche Kurse finden oft in einer Sporthalle statt, was auch die Angst vor Stürzen mindern kann und wo man in einem abgegrenzten Raum unter Gleichgesinnten ist. Wollen Sie ohne weitere Umstände einfach loslegen, dann nehmen Sie einen Partner mit, der vielleicht schon skaten kann. Selbst wenn Sie niemanden kennen, der auf den Rollen schon zu Hause ist, macht das Üben zu zweit oder dritt mehr Spaß, und Sie können sich gegenseitig Hilfestellungen geben, wie wir Ihnen z. B. auf Seite 52 zeigen.

So gelingt der Einstieg

Wo skaten? Der Übungsplatz

Wenn Sie Ihre neuen Skates das erste Mal zum Rollen benutzen, suchen Sie sich einen möglichst ebenen Platz, auf dem nichts und niemand im Weg ist – und wo vor allen Dingen keinerlei Autoverkehr herrscht. Denn mit den Skates rollen Sie unaufhaltsam dahin – bis Sie umfallen oder gegen etwas stoßen.
Also, solange Sie noch nicht bremsen können: runter von den Fußwegen, halten Sie sich fern von Straßen und Radwegen! Sollten Sie die ersten Versuche auf eigene Faust wagen, skaten Sie idealerweise auf einem Supermarktparkplatz am Wochenende oder auf einem Schulhof, der mit Rasen umgeben ist, so dass Sie zur Not auf den Rasen ausweichen können.

So finden Sie eine gute Schule

Folgende Kriterien helfen Ihnen dabei, eine gute Inlineskatingschule zu erkennen:
- Das Kursangebot ist klar beschrieben und gegliedert.
- Es gibt mehrere, aufeinander aufbauende Kurse.
- Die Instruktoren haben eine solide Ausbildung (durch Universitäten oder Fachverbände) und Unterrichtserfahrung.
- Skates und Schützer können vor Ort ausgeliehen werden.

Beträchtlich mehr Spaß macht es, zu zweit oder in einer Gruppe die ersten wackligen Rollversuche zu machen. Wenn Sie niemand von Ihren Freunden für den neuen Sport erwärmen können, lernt es sich schneller und vergnüglicher in einem Skatingkurs.

Die Grundlagen der Fahrtechnik

- Die Kurse haben ein Schwerpunktthema und vermitteln nicht alles auf einmal. Um in Kursen wirklich gut auf die Rolle zu kommen, bedarf es je nach Vorerfahrung rund sechs bis zehn Doppelstunden à 90 Minuten, verteilt auf zwei bis drei Kurse.
- Bei schlechtem Wetter (Regen) wird ein Ausweichtermin angeboten bzw. steht eine überdachte Fläche (Halle) zur Verfügung.
- Bei der Beratung fragt man nach Ihren sportlichen Vorerfahrungen, um Ihnen den richtigen Kurs zu empfehlen.

Tipp Eine Auswahl von Schulen finden Sie auf Seite 172f. oder auch im Internet unter www.d-i-v.de/ausbildung/schulen.

Links – Skatelehrer aus dem Netz
- www.skategrrl.com

Kinder auf die Skates

Zum Skaten ist es nie zu früh. Abhängig von der individuellen motorischen Entwicklung gilt für das Einstiegsalter dasselbe wie beim Schlittschuhlaufen: je früher, desto besser. Anfangen können die Minis schon mit fünf Jahren. Denn für die Entwicklung der koordinativen Fähigkeiten ist gerade das Kindesalter entscheidend. Das Gleichgewichtsgefühl wird besonders gut entwickelt, wenn zwischen vier und zwölf Jahren viele Reize gesetzt werden. Durch wackelige Situationen, wie sie auf den Inlinern immer wieder vorkommen, wird das Balancegefühl positiv gefordert. So lassen sich sportliche Grundlagen ausbilden, die durch Training im fortgeschrittenen Alter nur sehr schwer nachgeholt werden können.

Das Skaten im frühen Kindesalter birgt also die Chance für koordinativ-abwechslungsreiche Bewegungserfahrungen. Von fast allen Herstellern gibt es spezielle Kinderskates, die mitwachsen. Die zweigeteilte Schale (Zehen- und Fersenbereich) überlappt an den Seiten und kann durch Lösen von zwei Fixierungen auseinander gezogen werden. Bis zu vier Schuhnummern wachsen die Skates so mit.

Kleiner Racker auf Rollen: Mit der richtigen Schutzausrüstung kein Problem!

Zum Material – Fitnessskates

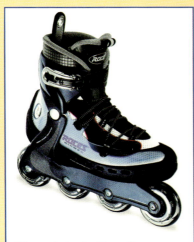

Fitnessskate der Firma Roces.

Unter den Fitnessskates gibt es qualitativ unterschiedliche Abstufungen. Für Einsteiger, Wochenendläufer, Fahrer, die ein alternatives Verkehrsmittel für die überfüllten Innenstädte suchen, und alle, die aus dem Skateausflug kein Rennen machen wollen, eignen sich die Recreationskates. Diese sind meist etwas preisgünstiger und bieten gerade für Einsteiger mehr Halt.

Für »Kilometerfresser«, Leute mit Wettkampfambitionen und für Sportler, die Skates als Crosstrainingsgeräte nutzen, sind die sportlichen Fitnessskates richtig. Die meisten auf dem Markt erhältlichen Modelle sind qualitativ recht hochwertig. Tendenz ist, bei den Schuhen Gewicht zu sparen und damit mehr Fahrkomfort zu liefern.

Eine weitere, aber bisher wenig beachtete Entwicklung sind die Skates mit abnehmbarer Schiene. Ähnlich wie bei einer Skibindung lassen sich Schuh und Schiene mit einem Handgriff trennen. Für Großstadtskater, die oft auf kleine Hindernisse treffen, eigentlich eine sehr konstruktive Idee. Bislang haben sich diese Skates allerdings kaum durchgesetzt. Als Fitnessskates sind sie zu weich, als »normale« Schuhe getragen wiederum zu klobig, steif und unbequem.

Rollerspaß auf einem Bein

Nachdem Sie sich aufgewärmt haben, beginnen Sie die ersten Einheiten nur mit einem Skate und einem normalen Sportschuh am anderen Fuß. Dabei können Sie auf Ihre Erfahrungen – falls vorhanden – mit dem Kinderroller oder Skateboard zurückgreifen. Sie besitzen ein Kickboard? Super! Auch damit lässt sich das Gleichgewicht nebenbei und mit viel Fun schulen.

Die Grundlagen der Fahrtechnik

Das Einbeinrollen

Basis jeder Inlineskatingtechnik, ob Geradeauslaufen, Rückwärtsübersetzen oder auch Bremsen, ist das sichere Rollen/Gleiten auf einem Bein. Die Fähigkeit, nur auf dem linken oder dem rechten Skate zu gleiten und das Gleichgewicht zu halten, sollten Sie immer wieder üben. Nur wenn Sie ohne Kippeln das Körpergewicht auf einem Bein konzentrieren, wird Ihr Laufstil ökonomisch werden. Außerdem ist das die Voraussetzung, um fortgeschrittene Techniken schnell zu erlernen.

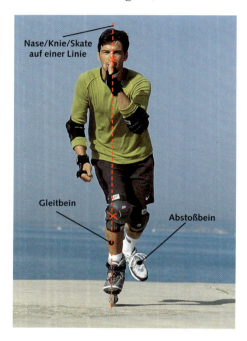

Alles im Lot – wenn Nase, Knie und Skate auf einer Linie liegen.

Die ersten Übungen mit nur einem Skate geben Sicherheit, um sich an die ungewohnte Fortbewegungsart zu gewöhnen. Aber auch später ist gelegentliches Training auf einem Bein sinnvoll, um die Technik zu verbessern.

Üben Sie also oft nur mit einem Skate bzw. auf einem Bein. Auch später erweist es sich als sinnvoll, häufiger mal einen Schritt zurückzugehen und die »Einbeinschule« wieder aufzugreifen.

Die Vorteile des Einbeintrainings

Beim Einbeintraining schlagen Sie zwei Fliegen mit einer Klappe:
- *Standsicherheit:* Gerade Anfänger, die keine Vorerfahrungen aus anderen Gleitsportarten haben, werden den sicheren Halt und das Abstützen mit dem »Turnschuhfuß« zu schätzen wissen. Das Gefühl für den rollenden Untersatz lässt sich ganz behutsam aufbauen.
- *Selbstkontrolle:* Schummeln gibt es nicht! Sie bekommen sofort eine Rückmeldung darüber, wie sicher und sauber Sie Ihr Körpergewicht über das rollende Bein verlagert haben. Ein zweites »Stützrad«, wie beim Fahren in der belastenden X-Beinstellung, ist nicht möglich (siehe Foto auf der nächsten Seite).

Fit auf einem Bein

Schlecht: Der Körperschwerpunkt liegt zwischen den X-Beinen (links). Besser: Der Körperschwerpunkt liegt über dem Skate (rechts).

Geduld bewahren

Beißen Sie sich durch die ersten, zum Teil frustrierenden Versuche durch! Es lohnt sich auf alle Fälle, denn Sie gewöhnen sich erst gar nicht die typischen Anfängerfehler an.

Gutes einbeiniges Gleichgewicht ist nicht eine Frage des Talents. Wenn andere schneller vorankommen als Sie, verzweifeln Sie nicht! Oft bringen diese so genannten Talente Erfahrungen aus anderen Gleichgewichtssportarten wie Windsurfen, Eislaufen oder Skifahren mit. Dann haben sie schon das Bewegungsgefühl, um den Körper im Gleichgewicht über dem fahrenden Skate zu halten.

Versuchen Sie nicht, Tempo zu bolzen, sondern konzentrieren Sie sich darauf, nach dem Abstoß möglichst weit auf einem Bein zu rollen. Zwei gute Übungen dazu:

● Markieren Sie Ihren Startpunkt und den Punkt, an dem Sie sich abstützen müssen. Versuchen Sie, beim nächsten Mal Ihre Rollweite zu verbessern.

● Rollern Sie von einem Ende des Übungsplatzes zum anderen. Zählen Sie auf der Fahrt, wie viele Schritte Sie dazu brauchen. Versuchen Sie, beim nächsten Mal diese Zahl zu unterbieten.

Wenn Sie dem Schulen des Gleichgewichthaltens genügend Zeit geben, um Sicherheit zu gewinnen, erhöhen Sie Ihr Lerntempo und den Spaß auf den Rollen deutlich.

Die Grundlagen der Fahrtechnik

So halten Sie die Balance

- Schauen Sie nach vorne auf einen Punkt in Augenhöhe, nicht nach unten auf die Skates.
- Bringen Sie Nase und Knie genau über die Rollen des Gleitbeins.
- Halten Sie das Knie des Gleitbeins leicht gebeugt, so dass Sie Unebenheiten »abfedern« können.
- Führen Sie den Fuß des Abstoßbeins nach jedem Abstoß dicht an den Gleitskate heran.
- Kauern Sie sich kompakt über dem Gleitbein zusammen, statt mit den Armen und dem freien Bein in der Luft zu rudern.

Macht Anfängern Angst, macht Könnern Spaß: Inlineskaten bedeutet auch ein Ausloten der persönlichen Gleichgewichtsgrenze. Bringen auch Sie sich mit Absicht, Mut und Umsicht an den Rand Ihres Gleichgewichts – es lohnt sich!

Balanceprobleme und wie man sie löst

● *Sie kommen aus dem Gleichgewicht und haben dabei das Gefühl, nach hinten zu kippen? Als Ausgleich setzen Sie den »Turnschuhfuß« hinten auf, um das Gleichgewicht wieder zu erlangen?*

Versuchen Sie, Ihre Hüfte beim Abstoß nach vorne über den Skate zu bringen. Halten Sie dazu den Skate unter Ihrem Körper, und schieben Sie die ganze Körperseite schräg nach vorne (Nase – Schulter – Knie – Skate auf einer Linie). Versuchen Sie keinesfalls dadurch große Schritte zu machen, dass Sie den Skate vorschieben. Machen Sie stattdessen ruhig einmal einen kleinen Sprung vom Turnschuh auf den Skate in die Fahrtrichtung.

● *Nur kurze Schritte sind möglich. Ihr Abstoßbein setzt sofort wieder innen neben dem Skate auf?*

Stoßen Sie sich betont zur Skatebeinseite ab. Mit dem Abstoß vom Turnschuh bringen Sie Ihre Nase und Ihre Hüfte über die Rollen des Skates. Legen Sie dazu den Kopf bei jedem Abstoß weit zur Skateseite.

● *Wenn Sie probieren, das Gewicht seitlich über den Skate zu bekommen, schießen Sie über das Ziel hinaus? Sie müssen zur Rettung das Abstoßbein über Kreuz vor dem Skate aufsetzen?*

Sie sind auf dem richtigen Weg! Wer intensiv übt, das Gewicht über dem Skate zu zentrieren, darf gern einmal zu weit gehen. Durch diese Kontrasterfahrung zum sonstigen Aufsetzen des Beins innen neben dem Skate nähern Sie sich der richtigen Technik an. Werfen Sie den Kopf nicht ganz so stark zur Seite. Wenn Sie den Skate rechts tragen, drehen Sie den Kopf so, dass das rechte Ohr zur Skatespitze weist.

Die Grundposition

Um jeder Situation gewachsen zu sein und schnell reagieren zu können, ist es wichtig, dass Sie sich die Grundposition antrainieren. Das ist nicht unbedingt schwierig, denn Sie können Erfahrungen übertragen, die Sie in anderen Sportarten gesammelt haben.
Nehmen Sie in allen Gelenken – Sprung-, Knie- und Hüftgelenk – eine leicht federnde, etwas gebeugte Stellung ein. Die Füße sind dabei schulterbreit auseinander, und der Blick ist – wie beim Einbeinfahren – nach vorne gerichtet. Nur so vermeiden Sie, dass Sie gegen den nächsten Laternenpfahl prallen. Vergleichbare Erfahrungen kennen Sie vielleicht aus dem Tennis, wenn Sie am Netz lauern, um einen Volley zu spielen, wenn Sie beim Beachvolleyball in der Abwehr den gegnerischen Schmetterschlag erwarten oder beim Skifahren den nächsten Schwung vorbereiten. Seien Sie bereit und wie ein Tiger auf dem Sprung. So können Sie in jeder Situation richtig reagieren und jede Bewegung optimal vorbereiten.

Die ideale Grundhaltung macht Sie bereit für jede neue Aktion.

Übungen

Die folgenden Übungen verbessern Ihre Grundhaltung:
- Balancieren Sie zwei aufeinander liegende Bälle in den Händen vor Ihrem Körper (siehe Foto).
- Schauen Sie nach vorne auf einen Punkt in Augenhöhe. Jetzt versuchen Sie, in die Knie zu gehen. Lassen Sie dabei den Fixpunkt nie aus den Augen.
- Auch als Partnerübung: Gehen Sie wie ein Spiegelbild gemeinsam tiefer, und richten Sie sich wieder auf, ohne sich aus den Augen zu lassen.
- Sidesteps: Versuchen Sie, mit kleinen Nachstellschritten zur Seite zu laufen, ohne dabei vorwärts oder rückwärts zu rollen.
- Kleine Sprünge bzw. Hopser im Stand: Suchen Sie sich ein Stück Rasen, oder lassen Sie sich durch einen Partner sichern, der neben Ihnen steht. Springen Sie aus leicht gebeugten Knien von allen acht Rollen gleichzeitig ab. Federn Sie die Landung weich ab, indem Sie dabei tief in die Knie gehen.

Bleiben Sie am Ball; das trainiert eine reaktionsbereite Grundhaltung.

Die Grundlagen der Fahrtechnik

Kontrolle – wagen Sie einen kurzen Blick nach unten!

Auf Skates erhalten Sie eine prompte Rückmeldung über Ihre Körperhaltung: Ist sie unausgewogen, rollen Ihnen die Skates einfach weg. Ist sie in Ordnung, haben Sie sicheren Stand.

- Sehen Sie den ganzen Skate und einen Teil Ihres Schienbeins? Dann sind ihre Knie zu gestreckt, oder Sie sind in der Hüfte zu weit vorgebeugt.

Beugen Sie die Knie, und schauen Sie nach vorne auf einen Punkt in Kopfhöhe.

- Sehen Sie Ihre Skates gar nicht, und haben Sie das Gefühl, die Schuhe wollen Ihnen nach vorne wegrollen? Dann stehen Sie zu aufrecht und haben das Körpergewicht zu weit hinten.

Beugen Sie Ihre Knie, und achten Sie darauf, dass Sie am Schienbein einen leichten Druck von der Zunge des Stiefels spüren.

- Sehen Sie gerade Ihre Schuhspitze und die vorderste Rolle? Der Rest des Skates wird vom Knieschützer verdeckt, das Gewicht liegt etwas mehr auf dem Ballen? Am Schienbein spüren Sie leichten Gegendruck von der Zunge des Innenschuhs? Zwischen Wade und Schuhschaft ist ein Finger breit Luft? Die Position ist perfekt! Unterstützen Sie sie, indem Sie die Arme leicht gebeugt vor dem Körper halten.

Er-Fahren der Basics

Der Grundschritt

Eines vorweg: Machen Sie sich bewusst, dass die Hauptbewegung des Skates zur Seite gerichtet ist. Die Vorwärtsfahrt entsteht fast von selbst, wenn Sie seitlich von einem Skate auf den anderen kippen. Laufen Sie nicht nach vorne, indem Sie wie beim Gehen über den Fußballen abrollen – die Rollen würden unweigerlich ohne Halt nach hinten wegschnellen und Sie aus dem Gleichgewicht bringen.

Beim Inlineskaten ist rohe Kraft fehl am Platz – sensibler Körpereinsatz ist gefragt.

Denken Sie an Pinguine

Inlineskaten ist einbeiniges Rollen nach einem seitlich gerichteten Abstoß von allen Rollen des anderen Skates. Machen Sie die ersten Schritte wie ein schwankender Pinguin:

- Stehen Sie in der Grundposition mit leicht nach außen gerichteten Schuhspitzen (so genannte V-Position).
- Pendeln Sie mit Ihrem Gewicht über einen Skate und anschließend zurück über den anderen. Wahrscheinlich kommen Sie schon jetzt leicht ins Rollen.
- Steigern Sie die Geschwindigkeit ein klein wenig, indem Sie die Gewichtsverlagerung zur Seite mit einem seitlichen Abdruck vom anderen Skate unterstützen. Die Hauptenergie des Abstoßes kommt dabei aus der Streckung Ihres Kniegelenks.

Diese Grundform des Inlineskateschritts gibt Ihnen ein erstes Gefühl für den seitlichen Abstoß und für die Gewichtsverlagerung.

Einbeiniges Rollen nach dem Abstoß von der Innenkante.

Gleitbein leicht gebeugt

Abstoßbein

Abstoß über die Innenkante

49

Die Grundlagen der Fahrtechnik

Die Gleit- oder Rollphase

Effizientes Skaten ist aber ohne lange Rollphase auf einem Bein nicht möglich. Verbinden Sie daher den kräftiger werdenden Abstoß und die Pendelbewegung des Körpers mit einer anschließenden Gleit-(Roll-)phase auf dem anderen Skate, bevor Sie sich wieder zurück zur anderen Seite abstoßen: Der Rhythmus: Abstoß rechts, Gleiten links – Abstoß links, Gleiten rechts usw. Jetzt kommen die Übungen aus der Einbeinschule zum Tragen. Denn beim Grundschritt kommt es darauf an, das Gewicht abwechselnd über dem rechten oder linken Skate zu konzentrieren. Pendeln Sie daher beim ersten Üben deutlich mit dem Kopf und der Hüfte vom Abstoßbein zum Gleitbein.

Grundschritt Teil 1: Abstoßen. Der ganze Körper kippt in die neue Richtung.

Haltung bewahren

Gleiten – Kippen – Abstoßen – Gleiten: die vier entscheidenden Merkmale beim Grundschritt.

Da die Skates meist schneller sind als Sie selbst, versuchen Sie, vor den Schuhen zu bleiben. Kippen Sie sich also schräg nach vorne in die neue Fahrtrichtung, damit Ihnen die flotten Untersätze nicht wegrollen. Bringen Sie das Abstoßbein schnell an das Gleitbein heran, damit Sie sofort bereit sind für den nächsten Schritt und das Körpergewicht nicht zu weit hinter dem Gleitskate bleibt, sondern wieder schräg nach vorne in die neue Abstoßrichtung »fallen« kann. Markantes Merkmal des Skatens ist ein Wechsel vom Rollen im Gleichgewicht auf einem Skate zur Aufgabe dieses Gleichgewichts durch Gewichtsverlagerung und Wiedergewinnen der Balance auf dem anderen Skate.

Geradeausrollen

Setzen Sie das jeweilige Gleitbein gebeugt auf, das gibt Sicherheit und verlängert Ihren Abstoß. Während des einbeinigen Rollens richten Sie sich aktiv über dem Gleitskate auf. Dadurch gewinnen Sie Halt, und Sie können das Abstoßbein entspannt und in gestreckter Haltung bis an das Gleitbein heranpendeln lassen. Kurz bevor beide Skates auf einer Höhe sind, lassen Sie sich in die Grundposition sacken, um Kraft und Sicherheit für den neuen Abstoß zu gewinnen. Jeder Abstoß beginnt mit einem deutlichen Kippen des Körpers in die Fahrrichtung des neuen Gleitbeins.

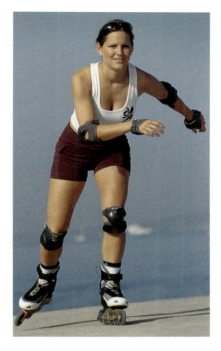

Grundschritt Teil 2: Rollen. Durch das Kippen beim Abstoß kommt das Gewicht perfekt auf das neue Gleitbein.

Eine der wichtigsten Skatelektionen: das sichere Umschiffen von Hindernissen.

Ausweichen und Bögen

Sehr häufig werden Sie Situationen erleben, wo es erforderlich ist, einem plötzlich auftauchenden Hindernis, beispielsweise einer aufspringenden Autotür, einem frei laufenden Hund oder einem anderen Skater, auszuweichen. Oft ist es in diesen Fällen unmöglich, durch Bremsen rechtzeitig zum Stehen zu gelangen und damit der Gefahrensituation zu entgehen. Schnelles Ausweichen ist in diesen Fällen Erfolg versprechender. Versuchen Sie daher bereits bei den ersten Übungen, kleine Hindernisse zu umfahren, die Sie sich selbst aussuchen. Eine Markierung auf dem Asphalt des Übungsplatzes eignet sich dafür besonders gut. Sollten Sie es einmal nicht schaffen, vor der Markierung den Bogen zu kriegen, kann diese gefahrlos überrollt werden. Leiten Sie beim nächsten Versuch den Bogen früher ein, und lernen Sie so, die Distanzen und Rollwege richtig einzuschätzen.

Schnell weg hier: mit etwas Übung kein Problem.

51

Die Grundlagen der Fahrtechnik

Einfaches Bogengleiten

Wollen Sie eine weite Kurve durchfahren, lässt sich das auf Skates leicht bewerkstelligen. Stellen Sie sich vor, Sie würden ein Fahrrad in die Kurve lenken. Lehnen Sie sich in die Kurve hinein, und kippen Sie beide Skates zur Bogenmitte. Eine leichte Schrittstellung schafft eine größere Standfläche und damit mehr Stabilität.

Eine Kurve oder ein Hindernis, das Sie rechtzeitig vorher erkennen, lässt sich so gut umfahren.

Gefühl für die Außenkante

Nahezu alle Kurventechniken verlangen das Vertrauen in den Halt auf der Außenseite des inneren Skates. Um das Gefühl für die Gewichtsverlagerung zu schulen, bieten sich verschiedene Hilfsmittel an:

● Stützen Sie sich auf einen Besenstiel, Hockeyschläger o. Ä.
● Halt gewinnen durch einen Partner mit Stange (Hockeyschläger, Besen o. Ä.)
● Straßengegenstände (Mülleimer, Laternenpfahl, Bistrotisch o. Ä.) als Hilfsmittel mit einbeziehen

Gute und leicht transportable Stützen sind natürlich Skistöcke. Mobiles Hilfsmittel ist ein Einkaufswagen.

Kurventraining allein...

...oder mit Partner: bogeninnerer Skate auf die Außenkante, bogenäußerer Skate auf die Innenkante.

Das Kurvenfahren

Wenn es mal sehr knapp wird – der Powerturn

● Dieser Bogen bringt Sie um die engsten Ecken herum: Stellen Sie sich dazu vor, Sie machen einen Ausfallschritt um die Ecke. Das bogeninnere Bein ist vorne. Die Hüfte senken Sie zwischen den Skates ab, so dass das vordere Bein sehr stark gebeugt und belastet ist. Das hintere Bein wird fast gestreckt.

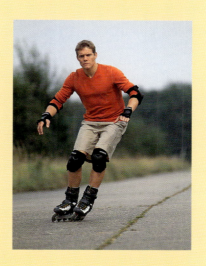

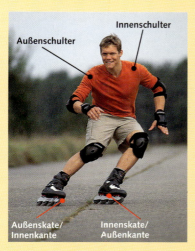

● Zeitgleich mit dem Ausfallschritt kippen Sie aktiv in die Kurve. Drücken Sie dazu Fußgelenke und Knie deutlich in die Kurvenmitte hinein.

Wenn Sie die bogeninnere Schulter ebenfalls in die Kurve hineindrehen, behalten Sie Ihren Schwung und rollen dann in die neue Richtung weiter.

Kurven erobern: Lassen Sie sich aktiv in den Bogen kippen. Die Skates folgen dem Körperschwerpunkt.

Die Grundlagen der Fahrtechnik

Abschwingen bis zum Stillstand

● Halten Sie jedoch Schultern und Kopf in ihrer ursprünglichen Richtung, also den Oberkörper gegen die Beine verdreht, wird der Powerturn Ihr Fahrtempo drastisch reduzieren.

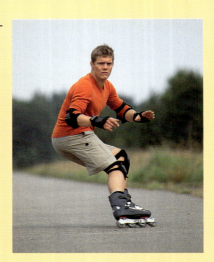

In Kurven sollten beide Skates zusammenwirken; setzen Sie also die Innenkante des bogenäußeren und die Außenkante des bogeninneren Skates ein.

● Bei hohem Tempo hat es sich bewährt, mehrere Powerturns hintereinander auszuführen, um die Geschwindigkeit zu drosseln. Bei diesem Abschwingen wird das bogenäußere Bein stärker nach außen geführt. Drücken Sie den auf die Innenkante gestellten bogenäußeren Skate mit der Ferse quer zur Fahrtrichtung.

Weitere Kurventechniken

Sidesteps und Bogentreten

Bei einem Hindernis, das sehr plötzlich vor Ihnen auftaucht, müssen Sie oft schnell und entschlossen ausweichen. Anstelle eines Powerturns können Sie auch mit Sidesteps dem Hindernis ausweichen, wenn der Weg danach wieder frei ist.

Auf feuchten Abschnitten oder verschmutzten Flächen sind Sidesteps oder Bogentreten sicherer als rasante Kurventechniken.

So wird's gemacht

- Kauern Sie sich über den Skates zusammen (tiefe Grundposition), und machen Sie dann einen entschlossenen Schritt zur Seite (Sidestep).

- Ziehen Sie das andere Bein schnell nach. So kommen Sie wieder in die Grundposition und können bei Bedarf noch weitere Schritte machen.

Auch für Kurvenfahren geeignet

Mit dieser Technik können Sie auch Kurven laufen. Skifahrer kennen diese Bewegungsform als Bogentreten. Bei jedem Schritt

zur Seite drehen Sie den Skate etwas in die Kurve hinein. Das bogeninnere Bein wird bei jedem Schritt in die Bogenrichtung gedreht und auf der Außenkante aufgesetzt. Das bogenäußere Bein wird schnell nachgesetzt und auf der Innenkante aufgesetzt. Direkt danach erfolgt der nächste Schritt. So entsteht eine Art Galopprhythmus, mit dem Sie in die Kurve laufen.

Die Grundlagen der Fahrtechnik

Bremsen

Die größte Sorge aller Rollenneulinge ist meist das Bremsen. Mit den hier vorgestellten Techniken und etwas Übung dürfte es aber kein großes Problem mehr sein, sicher zum Stehen zu kommen.

Wie oft haben Sie schon den Satz gehört oder sogar selbst gesprochen: »Skaten kann ich, nur mit dem Bremsen...« Stellen Sie sich das einmal beim Auto- oder Fahrradfahren vor!

Auch für das Inlineskaten gilt: Wer nicht mindestens eine Bremstechnik sicher beherrscht, kann auch nicht skaten. Also runter von der Straße und zurück auf den Übungsplatz!

Mehr als eine Methode beherrschen

Wie schon im Abschnitt über das Einbeinrollen ausgeführt (siehe dazu Seite 43ff.), bedingen alle Bremstechniken das sichere Balancieren auf einem Bein; nur so können Sie das andere Bein wirkungsvoll und dosiert zum Bremsen einsetzen.

Und auch das muss klar sein: Ein gewisser Bremsweg ist immer einzukalkulieren. Kein noch so gekonntes Manöver bringt Sie aus einem höheren Tempo heraus direkt zum Stehen. Also Augen auf, vorausschauend fahren und die Geschwindigkeit der Situation und dem eigenen Können anpassen. Doch so unterschiedlich die Situationen sein können, die Sie zum Bremsen zwingen, so unterschiedlich sind auch die Möglichkeiten anzuhalten. Sie sollten mindestens zwei der folgenden Varianten beherrschen. Mehr sind natürlich besser und sicherer!

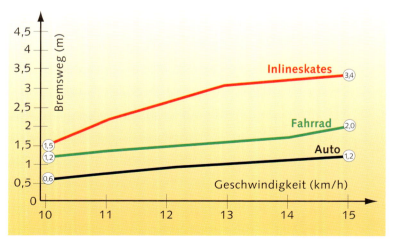

Die Grafik zeigt die durchschnittlichen Bremswege für Skates, Fahrrad und Auto in Abhängigkeit von der Geschwindigkeit (Quelle: Ladig/Rüger 1999).

Die Basisbremse – der Heel-Stop

Der Heel-Stop

Überall einsetzbar und die gesündeste Methode, um auf der Straße zu bremsen, ist der Heel-Stop. Bei dieser Technik wird der Bremsstopper an der Ferse des Skates eingesetzt.

Bevor Sie zu bremsen beginnen, gehen Sie in die Grundposition – und bei hohem Tempo ruhig noch etwas stärker in die Knie. Schieben Sie nun das Bein mit dem Stopper nach vorne, aber lassen

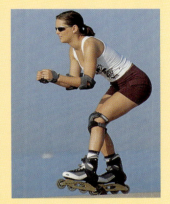

Sie zunächst noch alle Rollen auf dem Asphalt. Erst wenn Sie diese gesicherte Schrittstellung eingenommen haben, verlagern Sie Ihr Gewicht vollständig auf das hintere Bein, um vorsichtig die Spitze des vorderen Skates anzuheben und so den Stopper auf den Asphalt zu drücken.

Bewegungsticker
- Tief gebeugte Knie
- Schrittstellung
- Gewichtsverlagerung auf das hintere Bein
- Fußspitze des vorderen Beins anheben
- Durch Spannung in den Schultern und nach vorne gehaltene Arme den Stand stabilisieren

Geeignet für: Anfänger und fortgeschrittene Fitnessskater, universell einsetzbar

Ungeeignet für: Aggressive-, Hockey- und Speedskater, da diese den Stopper abmontieren, der bei Fahrmanövern stört.

Der Heel-Stop gehört zu den Standardbremstechniken. Probieren Sie aus, auf welchem Bein Sie sicherer rollen, und montieren Sie den Stopper entsprechend an den anderen Skate.

Die Grundlagen der Fahrtechnik

Der T-Stop

Diese Bremstechnik eignet sich eigentlich nur zum Reduzieren der Geschwindigkeit und ist keinesfalls als Technik für eine Vollbremsung geeignet. Der Grund: Die im Kniegelenk auftretenden Scherkräfte quer zur natürlichen Beugerichtung können das Innenband und den Innenmeniskus des Bremsbeins schädigen. Daher sollten Skater mit Knieproblemen diese Technik vermeiden. Zudem werden durch das Schleifen der Rollen über den Asphalt alle vier Rollen des Bremsskates stark abgenutzt – das verkürzt deren Lebensdauer und geht ins Geld.

Bremsmanöver wie der T-Stop strapazieren die Skates. Je rauer der Untergrund, umso schneller sind die Rollen hin. Günstiger wird es auf glattem Sporthallenboden, der sich auch zum Üben bei den ersten Versuchen empfiehlt.

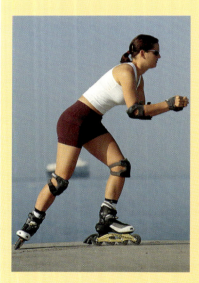

Bewegungsticker
- Einnehmen der Grundposition, Skates in leichte Schrittstellung bringen
- Gewicht ganz auf dem vorderen Bein (Gleitbein)
- Gebeugtes Gleitbein
- Bremsbein (hinteres Bein) etwa im Winkel wie beim Abstoß, dicht hinter dem Gleitbein schleifen lassen
- Arme nach vorne halten und mit hoher Körperspannung die Richtung stabilisieren

Tipp: Um das Gewicht vollständig auf dem Gleitbein zu halten, müssen sich Nase und Knie senkrecht über den Rollen des Gleitskates befinden!

Geeignet für: Fortgeschrittene, dosierte Tempoverringerung

Ungeeignet für: Anfänger, Vollbremsungen, Personen mit vorgeschädigten Kniegelenken

Bremsen für Fortgeschrittene

Der Spin-Stop (Halbmondbremse)

Der T-Stop ist kein leichtes Manöver, und Anfängern fällt es oft schwer, die Richtung während des Bremsens zu halten und nicht in eine Rotation zur Bremsbeinseite zu geraten. Diese beim T-Stop unerwünschte Rotation können Sie sich jedoch bei geringem Tempo zunutze machen. Durch einen engen Kringel (Spin) reduzieren Sie das Tempo und kommen zum Stehen.

Bewegungsticker
- Gehen Sie tief in die Knie (Grundposition), und nehmen Sie eine Schrittstellung ein.
- Heben Sie den hinteren Skate leicht an, und setzen Sie dann nur die vordere Rolle quer zur Fahrtrichtung auf. Den Skate »umklappen« und in Rückwärtsposition weiterrollen lassen.
- Durch das Aufsetzen und Umklappen des Skates wird eine Drehung eingeleitet, bei der beide Skates wie auf einem Halbmondbogen fahren: der vordere vorwärts, der hintere rückwärts.
- Bei höherem Tempo ist es sehr schwer, während der Rotation die Balance zu halten. Für eine stabilere Position beugen Sie die Knie und drehen Hüfte und Oberkörper zur Bogenmitte. Die Arme werfen einen leicht aus der Bahn, wenn sie unkontrolliert umherschlenkern.

Tipp: Zeigen Sie mit gestreckten Armen nach unten in die Kreismitte, und lehnen Sie sich nach innen.

Geeignet für: Skater mit Schlittschuhlauferfahrung, niedriges Tempo, Situationen, bei denen viel seitlicher Platz vorhanden ist

Ungeeignet für: hohes Tempo, enge Wege

Das intensive Üben von Bremstechniken ist sehr wichtig. Allgemein gilt aber: kurven, wenn möglich, bremsen, wenn nötig – das Ändern der Richtung schont Körper und Material.

Die Grundlagen der Fahrtechnik

Die Schneepflugbremse

Der Vorteil dieser Bremstechnik: Sie kann auch angewendet werden, wenn der Stand auf einem Bein nicht sicher beherrscht wird. Denn wie bei einem Fahrrad mit Stützrädern bleiben beide Skates auf der Erde. Aber die Nachteile überwiegen, denn trotz des Namens hat diese Technik bis auf die Beinstellung nur wenig mit der vom Skifahren bekannten Bremse gemein. Während beim Skifahren die Skier über den Schnee rutschen, tun die Inlineskates dieses nicht. Dadurch muss sehr große Kraft eingesetzt werden, um den Körper gegen die Skates zu stemmen. Durch die ungünstige vorwärts-einwärts gedrehte Position beider Beine werden Hüft-, Knie- und Fußgelenke fehlbelastet.

Schneepflugbremse: Das klingt so schön einfach und vertraut. Doch Vorsicht – unsere Beine sind für eine bremsende A-Stellung nicht konstruiert, die Knie werden dadurch stark strapaziert.

Bewegungsticker

- In der Fahrt werden beide Skates gleichmäßig belastet und nach außen geführt (Grätschstellung der Beine).

- Die Skates kippen auf die Innenkante und fahren somit wieder aufeinander zu.

- Durch gleichmäßigen Druck auf beide Innenkanten stemmen Sie sich gegen die Fahrtrichtung und reduzieren das Tempo.

Tipp: Wenn überhaupt, sollte diese Technik nur zur Reduktion der Geschwindigkeit eingesetzt werden, nicht als Bremse bis zum Stillstand.

Geeignet für: sehr niedriges Tempo, Skater mit Vorerfahrungen aus dem alpinen Skifahren

Ungeeignet für: hohes Tempo, Skater mit labilen Kniegelenken

Weitere Bremstechniken

Der Powerslide

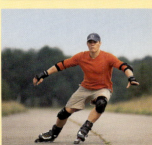

Das ist die effektivste Bremstechnik mit dem kürzesten Bremsweg. Sie erfordert hohes Können, da extreme Kurvenlage und fein dosierter Kantendruck nötig sind.

Bewegungsticker

- Aus der Geradeausfahrt leiten Sie einen Powerturn (siehe Seite 53f.) ein, bei dem die Schrittstellung zunächst nicht allzu weit ist.
- Während Sie das bogenäußere Bein in weitem Bogen nach außen führen und auf die Innenkante kippen, wird das bogeninnere Gleitbein über die vordere Rolle auf Rückwärtsfahrt gedreht und anschließend sofort mit tief gebeugtem Knie voll belastet.
- Im Moment des Belastungswechsels wird das Außenbein mit Druck nach außen geschoben, so dass die Rollen mit den Innenkanten über den Boden rutschen.

Beim Powerslide lassen Sie quasi pfundweise Gummi auf dem Asphalt! Die mit hohem Druck quer über den Asphalt schabenden Rollen werden stark mitgenommen. Schon nach vier bis fünf Vollbremsungen auf diese Art sind die Rollen stark einseitig abgenutzt.

Tipp: Je rauer der Untergrund, desto tiefer muss das Gleitbein gebeugt werden, damit die Innenkante des bremsenden Außenskates über den Boden rutschen (sliden) kann.

Geeignet für: Fortgeschrittene, glatten Asphalt, hohes Tempo
Ungeeignet für: sehr rauen Untergrund, Wegplatten, geringes Tempo

Die Grundlagen der Fahrtechnik

Im Notfall – der Rasenstopp

Diese Art anzuhalten ist keine wirkliche Bremstechnik, aber eine praktikable Notlösung. Sollte einmal der Platz oder die Technik nicht ausreichen, um rechtzeitig anzuhalten, so können Sie mit den Skates auf den – hoffentlich vorhandenen – Rasen- oder Sandstreifen ausweichen. Natürlich können Sie dort nicht weiterrollen, sondern müssen wie mit normalen Schuhen weiterlaufen. Der Bewegungsablauf ist in etwa so wie beim Abspringen von einem fahrenden Karussell; je nach vorherigem Tempo müssen Sie schnelle oder weniger schnelle Schritte setzen.

Bremsen per Knopfdruck – das klingt gut, erweist sich in der Praxis aber als wenig überzeugend. Beim Skaten gilt nach wie vor: Wer nicht selbst bremsen kann, kann auch nicht fahren.

Nicht sehr überzeugend – mechanische Bremsen

V ele Hersteller und eifrige Inlinebastler sind schon seit Jahren dabei, unterschiedliche mechanische Bremssysteme zu entwickeln. Die zwei hier dargestellten Varianten, die sich nachträglich einbauen lassen, konnten im FIT FOR FUN-Test nicht überzeugen. Nichts kann vorläufig also gut eingeübte Bremstechniken ersetzen.

Die Blib-Brake

Bei der Blib-Brake handelt es sich um eine Art Fahrradfelgenbremse, die mittels eines Handgriffs betätigt wird. Die Montage an der hinteren Achse des Schuhs ist ohne größeren Aufwand durchzuführen (in drei bis fünf Minuten). Ein dosiertes Verzögern der Rollbewegung ist aufgrund der Reibung von Gummi (Rolle) auf Gummi (Bremsbacken) schwierig. Bei einer kräftigen Bremsung blockiert die hintere Rolle, was einen starken Gummiabrieb zur Folge hat. Die Balanceanforderungen sind genauso groß wie beim normalen Heel-Stop.

Die am Skate montierte Blib-Brake.

Bremssysteme im Überblick

Die Disc-Brake
Bei der Disc-Brake werden vier scheibenförmige Bleche mit Bremsbelag auf die Außenseite der Rollen montiert. Durch Kippen und Belasten der Innenkanten (X-Bein-Stellung) drücken die Bremsbeläge auf die Rollen und stoppen diese ab.

Die Bremsmontage erfordert rund 75 Minuten, die Anpassung ist sehr umständlich. Im FIT FOR FUN-Test stoppte die Bremse die Rollbewegung schon beim normalen Skaten und schleifte beim Abstoßen und Kurvenfahren.

Fazit
Zwei innovative Versuche, aber überzeugen konnte keiner. Sinnvoller scheint es, das Geld für diese Anschaffung und die Zeit für die Montage in einen Skatekurs zu investieren, in dem man bremsen lernt.

Die Disc-Brake...

Bislang ist der Bremsstopper an der Ferse der Skates das einzig vernünftige Bremsystem.

...und ihr Auslösen durch eine wenig gelenkfreundliche X-Bein-Stellung.

Wenn stürzen – dann richtig

Wie bei allen Sportarten, in denen das Gleichgewicht gefordert wird, liegt es in der Natur der Sache, dass Sie auch mal stürzen. Beim Snowboarden rutschen Sie dann einen – meist weichen – schneebedeckten Hang hinunter, beim Windsurfen landen Sie sanft im Wasser, beim Inlineskating hingegen auf wenig nachgiebigem und rutschunfreundlichem Asphalt. Oberstes Gebot also: Schützer tragen! Aber auch die besten Protektoren helfen wenig, wenn Sie es nicht gelernt haben, diese beim Fallen zu nutzen.

Die Grundlagen der Fahrtechnik

Hände weit nach vorne und erst auf die Knieschützer fallen: Nur so lenken Sie den Fall ins Rutschen um.

So auf keinen Fall!

Versuchen Sie auf gar keinen Fall, einen Sturz – egal ob nach hinten oder vorne – mit den Händen abzufangen. Durch den senkrechten Aufprall werden Handgelenke, Arme und Schultern gestaucht, was in ungünstigen Fällen zum Bruch des Handgelenks oder der Unterarme führt. Auch komplizierte Verletzungen des Schultergelenks (Luxation, Gelenksprengung) können die Folge sein.

Eine gezielte fachliche Einführung in die Brems- und Sturztechniken gehört ebenso zu einer sinnvollen Prophylaxe gegen Unfälle beim Skaten wie das Anlegen der gesamten Schutzausrüstung.

Erste Regel – klein machen

Wichtigstes Element einer funktionalen Sturztechnik ist immer das sofortige »Kleinmachen«. Versuchen Sie beim Üben, sich diesen Reflex anzutrainieren: Sobald Sie ins Wackeln kommen, also Ihr Gleichgewicht gestört wird, sofort über den Skates zusammenkauern. Oft werden Sie durch diese kompakte Haltung mit tief abgesenktem Schwerpunkt einen Sturz vermeiden. Wenn nicht, haben Sie es nicht mehr weit zum Boden, und der Sturz ist richtig eingeleitet.

Furchtlos fallen – der Sturz nach vorne

Das »Fallmuster« beim Skaten besteht aus folgenden Teilen:
- Klein machen
- Knie nach vorne unten bringen (Bodenkontakt mit den Knieschützern)
- Gesäß auf die Waden
- Oberkörper mit den Unterarmen abfangen (Kontakt mit dem Boden durch Ellenbogen- und Handschützer)

Diese Falltechnik muss immer wieder geübt werden, denn leider sieht der natürliche Reflex des Menschen ganz anders aus: Der Schreck vor dem drohenden Sturz bewirkt ein Aufrichten des Körpers, das panikartige Strecken aller Gelenke und ein Zurückweichen des Oberkörpers. Dieses spontane Reaktionsmuster entspricht damit dem kompletten Gegenteil einer funktionalen Sturzbewegung. Wenn Sie so reagieren, werden Sie zwangsläufig aus großer Höhe wie eine Bahnschranke auf dem Boden aufschlagen, und zwar mit den Körperpartien, die nicht durch Protektoren abgesichert sind. Sollte der Schreck Ihnen so in die Glieder fahren, dass Sie nicht mehr nach vorne stürzen können, versuchen Sie, sich beim Sturz nach hinten »rund« zu machen. Pressen Sie das Kinn auf die Brust, und knicken Sie in den Knien ein. Damit vermindern Sie die Sturzhöhe und schützen Ihren (Hinter-)Kopf.

> Es gibt Sicherheit, wenn Sie im Falle eines Falles kontrolliert landen. Wer stürzen kann, wagt und erlebt mehr mit seinen Skates – und verringert das Risiko, sich ernsthaft zu verletzen.

Furchtlos fallen – der Sturz zur Seite

In welche Richtung Sie auch immer stürzen, versuchen Sie immer, sich noch schnell so zu drehen, dass Sie auf den Knieschützern landen. Wenn Ihnen dann noch gelingt, dabei aus dem Fall nach unten eine Rutschbewegung nach vorne zu machen, ist das Verletzungsrisiko deutlich geringer.

Es kann vorkommen, dass Sie nicht nach vorne, sondern zur Seite stürzen. Dann empfiehlt sich das Folgende:

- Machen Sie sich ganz klein, und drehen Sie das Knie etwas nach außen.
- Lassen Sie sich auf den Knieschützer und fast gleichzeitig auf den Ellenbogen und den Handgelenkschützer des gebeugten Arms fallen.
- Nehmen Sie den Kopf auf die Brust, und rollen Sie über Schulter und Rücken ab.

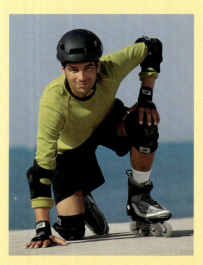

Und so kommen Sie wieder auf die Füße

- Ein Knie aufsetzen.
- Mit einer Hand abstützen und einen Skate auf die Rollen stellen.
- Drücken Sie sich mit dem Arm hoch, und setzen Sie den zweiten Skate nach.

Mehr Tempo in Kurven

Um in Kurven ein hohes Tempo zu halten oder sogar zu beschleunigen, wird die Technik des Übersetzens angewandt. Hierbei wird das bogenäußere Bein – nach dem Abstoß – vor dem bogeninneren Bein diagonal, in Richtung Bogenmitte, aufgesetzt. So kann auch bei sehr hohem Tempo ein enger Radius gelaufen werden.

Die Bewegung wird umso dynamischer, je stärker das bogeninnere Bein zum Abdruck eingesetzt wird. Der Abstoß erfolgt dabei über die Außenkante – was anfangs ungewohnt ist.

Vorbereitungsübungen

- Trainieren Sie zunächst Sidesteps und Bogentreten, bevor Sie an das Übersetzen gehen.
- Um sich den Bewegungsrhythmus zu verdeutlichen, machen Sie zum Aufwärmen einige Kreuzschritte aus dem Stand – mit und auch ohne Skates.
- Üben Sie mit einer Stütze – siehe Seite 52.
- Betonen Sie die Kniebewegungen deutlich, so als würden Sie eine Wendeltreppe hochlaufen.

Das Übersetzen ist eine raumgreifende, schnelle Schritttechnik. Beginnen Sie im Stand: Der rechte Fuß kreuzt vor dem linken, der linke setzt hinter den rechten vorbei, der rechte kreuzt wieder vor dem linken usw.

Das aktive Kurvenfahren mit der Technik des Übersetzens: bogeninneres Bein stark gebeugt auf der Außenkante aufsetzen. Gewicht voll auf das Innenbein verlagern, Außenskate anheben. Dann zur Bogenmitte strecken: Dadurch werden die Rollen des Innenskates stark auf den Asphalt gedrückt – das gibt Halt.

Die Grundlagen der Fahrtechnik

Das Übersetzen

Würden Sie die auf Seite 67 beschriebene Bewegung jetzt abbrechen, müssten Sie zur Kurvenmitte hin umkippen. Durch das Übersetzen des gebeugten Außenbeins fangen Sie sich jedoch auf.

Damit Sie nicht immer im Kreis fahren müssen, sollten Sie das Übersetzen stets zu beiden Seiten üben – sonst bildet sich schnell eine »Schokoladenseite« heraus.

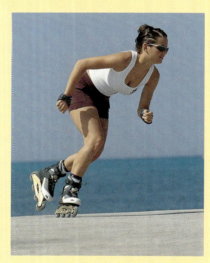

- Während Sie sich vom Außenbein abdrücken, heben Sie den Innenskate an und führen ihn wieder nach vorne.
- Jetzt den ganzen Bewegungszyklus von vorne: Innenbein beugen und auf der Außenkante aufsetzen, dann den nächsten Abstoß vom bogeninneren Skate einleiten.

Drehungen

Wollen Sie von der Vorwärts- in die Rückwärtsfahrt gelangen, so gibt es dazu mehrere Möglichkeiten. Damit Ihnen solche eleganten Manöver gelingen, sollten Sie zunächst Vorübungen machen und dann die einfacheren Varianten ausprobieren.

Vorbereitungsübungen

● Bevor Sie sich an Drehungen wagen, üben Sie zunächst kleine Sprünge im Stand und während der Geradeausfahrt. Sehr wichtig dabei: immer von der ganzen Fußsohle abspringen und nach der Landung klein machen.

● Sie können sich durch einen Partner ohne Skates unterstützen lassen. Der Partner sollte dort stehen, wo Sie drehen wollen, und seitlich neben Ihrer Fahrtspur stehen. Drehen Sie sich an dieser Stelle zu Ihrem Partner, und reichen Sie ihm die Hände.

Fertigmachen zum Umsteigen: Dabei setzt man die Füße nacheinander um.

Das Umsteigen

Sie können die Skates nacheinander in die neue Richtung umsetzen. Rollen Sie vorwärts in einen Bogen. Heben Sie das bogeninnere Bein an, und drehen Sie es in die neue Richtung. Mit dem Aufsetzen steigen Sie zügig auf dieses Bein um, damit Sie dann den anderen Skate ebenfalls drehen können.

Diese Form ist auch am besten für die Drehung von rückwärts auf vorwärts geeignet.

Das Umschleifen

Die Drehung kann auch dadurch initiiert werden, dass ein Skate etwa wie beim T-Stop (siehe Seite 58) hinterhergeschleift wird. Folgen Sie einfach dem Drehimpuls, und drehen Sie den vorderen Skate über die Fußspitze.

Das Umspringen

Am einfachsten lassen sich die Skates in der Luft drehen. Dies geschieht durch einen Sprung mit 180-Grad-Drehung.

Das Umspringen ist ein senkrechter Drehsprung, den Sie durch Ihre Kopfhaltung und Herumschwingen der Arme unterstützen. Die Landung erfordert ein gutes Gleichgewicht. Üben Sie daher zuerst Springen und Landen ohne Drehung.

● Rollen Sie in der Grundstellung an. Springen Sie dann explosiv von allen Rollen gleichzeitig ab.

● Der Kopf nimmt zu Beginn des Absprungs die Drehung vorweg, und auch die Arme unterstützen schwungvoll.

● Damit Sie nach der Landung das Gleichgewicht nicht verlieren, ist es wichtig, dass Sie in den Knien weich nachgeben.

Drehung über die Spitzen

Wenn Sie das Umspringen nicht ganz so explosiv durchführen, sondern gedämpfter, bleiben die vordersten Rollen am Boden.

- Nehmen Sie beim Anfahren mit gebeugten Knien eine leichte Schrittstellung ein. Beim Drehen nach links fahren Sie mit dem rechten Fuß vorne an.

Eigentlich ist die Drehung über die Spitzen ein sehr flaches, kaum sichtbares Springen und Drehen; die vordersten Rollen bleiben am Boden, die hinteren sind kurz in der Luft.

- Strecken Sie sich in den Knien nach vorne oben, blicken Sie in die Drehrichtung.

- Nach der Wendung federn Sie in den Knien ganz weich ab.

Die Grundlagen der Fahrtechnik

Das Umschwenken

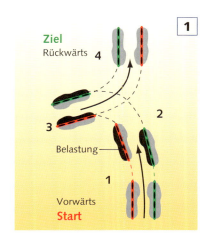

1. Beim Umschwenken beginnen Sie die Drehung durch das Einleiten eines Bogens. Nutzen Sie dazu die Power-turn-Technik.

2. Kippen Sie in Schrittstellung in die Kurve hinein.

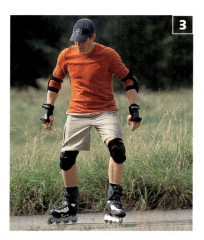

3. Anschließend kippen Sie zur anderen Seite und ziehen dabei den bisher bogeninneren Fuß zurück.

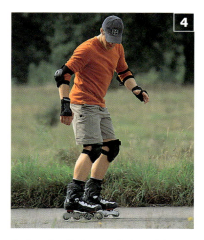

4. So rollen Sie in umgekehrter Schrittstellung rückwärts wieder aus dem Bogen heraus.

Rückwärtsfahren

Rückwärtsfahren übt auf alle Skater eine magische Anziehungskraft aus. Das ist nicht verwunderlich, denn genussvoll entgegen der normalen Fortbewegungsrichtung zu flitzen, ist ein Erlebnis, das so höchstens noch beim Eislaufen möglich wird.
Die eingeschränkte Sicht nach hinten und die ungewohnte Richtung machen das Ganze anfangs etwas schwierig, denn es kann kaum auf bekannte Bewegungsmuster aus dem Alltag zurückgegriffen werden.

Und so geht's

Das Prinzip des Rückwärtsfahrens besteht im Abstoß von den etwas stärker belasteten vorderen Rollen bei gleichzeitig aufrechter Oberkörperhaltung oder leichter Sitzhaltung. Die Sitzhaltung wird deshalb eingenommen, weil der Körperschwerpunkt hinter den Skates liegen muss, wenn uns ein Abstoß nach hinten bringen soll. Gerade zu Anfang verpufft die eingesetzte Kraft oft, weil der Körperschwerpunkt durch extreme Beugung des Oberkörpers über oder vor den Skatespitzen statt hinter den Fersen liegt. Verstärkt wird dieses Problem dadurch, das die meisten Skater anfangs ihre Schuhe anvisieren.
Nehmen Sie die Augen hoch, und gewöhnen Sie sich am besten von Beginn an den »Schulterblick« nach hinten an. Dadurch behalten Sie Ihre Fahrtrichtung im Auge und Ihr Körpergewicht über den Rollen.

Rückwärtsfahren ist zu Beginn sehr ungewohnt. Logisch, denn die Anatomie unserer Hüft-, Knie- und Fußgelenke ist in erster Linie auf Vorwärtsbewegungen ausgerichtet.

Die Grafik zeigt die verschiedenen Phasen des Skatens im Sanduhrmuster.

Die Sanduhr läuft

Eine gute Übung für das Rückwärtsfahren ist das so genannte Sanduhrlaufen. Der Rhythmus hierfür könnte heißen: »Runter – raus – hoch – ran; runter – raus – hoch – ran...« Je akzentuierter die Pumpbewegungen in Knien und Oberkörper erfolgt, umso höher wird das Tempo bei dieser einfachen Form des Rückwärtsfahrens.

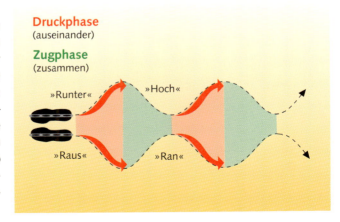

73

Die Grundlagen der Fahrtechnik

Sanduhr rückwärts

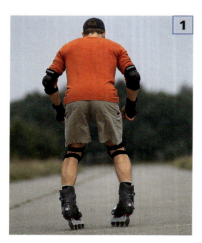

1. »Runter«: Stellen Sie sich so hin, dass die Zehenspitzen zueinander gerichtet sind (A-Position).

2. »Raus«: Gehen Sie tief in die Knie, und drücken Sie sich von den Fußballen/den vorderen Rollen ab.

3. »Hoch«: Ziehen Sie nun die Fersen zueinander, und lassen Sie die Skates wieder aufeinander zulaufen, während Sie sich in den Knien aufrichten.

4. »Ran«: Sind die Skates zusammen, drehen Sie die Fersen nach außen, lassen sich erneut in die Knie sacken und stoßen sich wieder von den vorderen Rollen ab.

Rückwärts mit Sanduhr und C-Cut

Der C-Cut

1. Wenn beim Sanduhrlauf nur noch ein Bein arbeitet und das andere passiv bleibt, fahren Sie C-Cuts. Durch diese Technik nähern Sie sich dem rasanteren und eleganteren Rückwärtslauf.

3. Um rückwärts zu fahren, drücken Sie sich stärker über die Fußballen des äußeren Beins (Außenbein = Abstoßbein) ab.

2. Wird das passive Bein auf die Außenkante gekippt, fahren Sie einen Bogen, in Richtung Innenbein.

4. Alle schnelleren Rückwärtstechniken bestehen im Laufen von Bögen. Soll »geradeaus« gelaufen werden, so wechseln sich in schneller Folge Links- und Rechtsbögen ab. Üben Sie das doch mal: 5 x C-Cuts rechts – 5 x C-Cuts links, 4 x C-Cuts rechts – 4 x links, 3 x rechts – 3 x links, 2 x rechts – 2 x links und schließlich links – rechts im Wechsel. Probieren Sie, den bogeninneren Skate immer mehr auf der Außenkante fahren zu lassen. So können Sie sich besser in die Kurve hineinlegen.

Übrigens: C-Cut und Sanduhr können natürlich auch vorwärts gefahren werden. Der Abstoß erfolgt dann mit stärkerer Belastung der Fersen.

Die Grundlagen der Fahrtechnik

Schlängeln

Mit dem schnellen Wechseln von C-Cuts rechts und links sind Sie beim Schlängeln angelangt. Mit dieser Technik winden Sie sich schlangenartig rückwärts. Ein anderer Weg zum Rückwärtsschlängeln führt über das Twisten auf den vorderen Rollen.

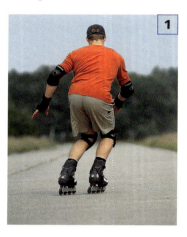

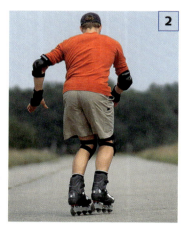

1. Drücken Sie sich aus gebeugten Knien beidbeinig vom Asphalt weg. Kippen Sie vor dem Abstoß in die Bogenmitte.

2. Der Oberkörper schwenkt nicht mit, sondern in der Schulter gegen.

3. In der Streckung heben Sie die Fersen vom Boden ab und drehen auf den vorderen Rollen um ca. 45 Grad.

4. Sofort wieder die Knie beugen, in die neue Richtung kippen und erneut twisten.

Tipp Es gelingt leichter, wenn Sie sich anfangs von einem vorwärts fahrenden Partner schieben lassen.

Rückwärtsschlängeln und -übersetzen

Rückwärts übersetzen

Die schnellste Art rückwärts zu laufen ist das Rückwärtsübersetzen.
Dabei laufen Sie einen engen Bogen.
Um geradeaus zu fahren, wechseln Sie Bögen nach rechts und Bögen nach links.

Die Grafik zeigt den Bewegungsablauf beim Rückwärtsübersetzen auf einen Blick.

1. Wenn Sie mit C-Cuts im Kreis fahren können, ist es nur noch ein kurzer Schritt zum Rückwärtsübersetzen.

2. Lassen Sie den bogenäußeren Skate beim Heranfahren im C vor dem Innenbein kreuzen, also weiter nach innen fahren.

3. Lösen Sie die gekreuzte Beinstellung auf, indem Sie das Gleitbein anheben und wieder nach innen setzen.

77

Die Grundlagen der Fahrtechnik

Schneller rückwärts übersetzen

Wird das Tempo noch höher, helfen in den Bogen gesetzte Schritte, den Kurvenradius zu verkleinern. Achten Sie darauf, dass das Innenbein stark gebeugt aufgesetzt wird (Foto 1). Beim Übersetzen des Außenbeins wird das Innenbein gestreckt (Foto 3).

1. Noch schneller und enger wird der Bogen ...

2. ... wenn Sie das Außenbein anheben und ...

3. ... raumgreifend in den Bogen hineinsetzen.

4. Auch hierbei kreuzt das Außenbein vor dem Innenbein.

Tipp »Setzen« Sie sich beim Auflösen der Kreuzstellung in den Kreis hinein, so als stünde dort ein Stuhl. So erhalten Sie die richtige Kurvenlage und werden nicht aus dem Bogen getragen.

Rückwärts bremsen

Schaffen Sie es nicht mehr rechtzeitig, sich in die Vorwärtsfahrt zu drehen und zu bremsen, gibt es zwei Bremsmöglichkeiten aus der Rückwärtsfahrt.

● Lassen Sie beide Skates wie beim Sanduhrfahren erst auseinander und dann wieder zusammenrollen. Sind die Fersen zusammen, bleiben Sie stehen. Zum Ausbalancieren müssen Sie sich nach vorne lehnen, also gegen Ihre Fahrtrichtung.
Diese Bremstechnik ist eher für geringes Tempo geeignet.

Da Rückwärtsfahren generell etwas gefährlicher ist als die Fahrt voraus, verhilft ein Helm zu mehr Sicherheit beim Üben.

● Auch für höheres Tempo geeignet: Ein Bein wird in der Rückwärtsfahrt angehoben und quer zur Fahrtrichtung aufgesetzt. Dazu müssen Sie das weiterfahrende Bein (Gleitbein) belasten und extrem tief beugen.

Das Gewicht ist auf dem Gleitbein. Nur so können die Rollen des Bremsbeins quer über den Asphalt rutschen.

Die Grundlagen der Fahrtechnik

Keine Angst vor kleinen Hindernissen

Der Schreck spielt eine große Rolle, wenn plötzlich ein Hindernis auf der Skatestrecke auftaucht. Damit Sie in einer solchen Situation nicht gleich umfallen, sollten Sie auch das Überwinden von holprigen Strecken oder Treppenstufen üben.

Plane Pisten und saubere Straßen, die bilderbuchmäßig glatt sind – ein Königreich für jeden Skater. Doch oft müssen kleine Hürden und Hindernisse bewältigt werden. Das können z. B. Treppen oder Kopfsteinpflaster sein, schmutzige oder nasse Fahrbahnen.

Nässe und Schmutz

Bei Regen gilt: Finger weg von den Skates! Beim Abstoß, Kurvenfahren und Bremsen besteht äußerste Rutschgefahr! Fängt es jedoch unterwegs an zu regnen, oder treffen Sie auf verschmutzte Straßenabschnitte mit Sand oder Kieseln, achten Sie auf folgende Punkte:
● Tempo drosseln, keine engen Bögen fahren.
● Gefühlvoller Abstoß ohne vollständige bzw. explosive Streckung des Abstoßbeins. Rutscht der Skate weg, merken Sie dies sofort.
● Ist nur ein kurzer Abschnitt der Straße nass oder verschmutzt, die Skates parallel stellen, Knie und Sprunggelenke leicht beugen (Bereitschaftshaltung) und die Stelle durchrollen.

Mit dieser Technik kommen Sie sicher voran, auch wenn nicht immer alles ebenmäßig läuft.

Auf Kopfsteinpflaster

● Bei kurzen Abschnitten mit Tempo auf die Holperstrecke zurollen, klein und kompakt machen, Fuß-, Knie- und Hüftgelenke anwinkeln und über die Stelle rollen.
● Um die Standsicherheit zu erhöhen, nehmen Sie eine leichte Schrittstellung ein. Dabei die Skates etwa schulterbreit und parallel führen. Das Gewicht gleichmäßig auf beide Skates verteilen und vorsichtshalber auch damit rechnen, dass ein Skate »hängen bleibt«.

Sicher über Stolperfallen

Die Treppe hinunter

Treppab verlangt Übung, macht bei flachen Stufen aber auch Spaß:
- Füße schulterbreit und in Schrittstellung aufsetzen
- Die Treppe rückwärts langsam anfahren und dabei alle acht Rollen gleichmäßig belasten
- Mit einer Hand am Geländer absichern

Die leichtere Variante: Ist die Treppe breit genug, parallel zu den Stufen rollen und seitlich hinuntersteigen.

Stufe für Stufe dem Ziel entgegen – auch auf acht Rollen.

Über den Bordstein

Hier wenden Sie eine ähnliche Technik an wie bei den Treppenstufen:
- Fahren Sie parallel zum Bordstein an.
- Drosseln Sie das Tempo ein wenig.
- Dann den unbelasteten Fuß, der näher am Bordstein ist, hoch- bzw. hinuntersetzen.
- Das Gewicht sehr betont auf diesen Fuß verlagern und den anderen Skate nachsetzen.

Von der Last zu Lust: Mit etwas Übung macht Hindernislaufen jede Menge Spaß!

Kunstvoll über Kanten: Eine deutliche Gewichtsverlagerung ist entscheidend.

Die hohe Schule – Skaten für Könner

Aggressiveskaten – Akrobatik auf Rollen

Aggressiveskaten ist keineswegs eine besonders rücksichtslose Version für Straßenrowdys, sondern unter dieser Bezeichnung werden die Skatedisziplinen Street, Stunt, Halfpipe, Vert oder Miniramp zusammengefasst.

Haben Sie auch schon einmal mit offenem Mund an einer Skateanlage gestanden und zugesehen, wie Kids in weiten Hosen über diverse Rampen und Geländer fliegen? Besonders die Aktionen in der großen Halfpipe sind schwer beeindruckend. Wenn Sie einmal auf dem »table« gestanden und in die »vert« hinuntergeblickt haben, mag Sie der blanke Horror beschlichen haben. Aber irgendwie juckt es Sie vielleicht doch. Außerdem bietet auch die Straße zahllose Gelegenheiten für raffinierte und spektakuläre Darbietungen auf den wendigen Rollen.

Streetskaten – die Show für die Straße

Die Palette der kleinen und großen Tricks, mit denen sich vor allem die Kids als Virtuosen des urbanen Asphaltdschungels wirkungsvoll produzieren, ist so vielfältig und variantenreich, dass der Rahmen dieses Buchs nicht ausreichen würde, diese alle vorzustellen. Wir beschränken uns daher auf einige kleine Tricks, die auch auf konventionellen Fitnessskates zu meistern sind.

Könner sind eine wahre Augenweide: Spektakuläre Sprünge, furiose Figuren und kraftvolle Kreativität zeichnen das Aggressiveskaten aus. Natürlich ist sichere Beherrschung der Rollen dafür unbedingt Voraussetzung.

Im Entengang

Der Duckwalk ist ein Rollen auf der hintersten Rolle des vorderen Skates und auf der vordersten Rolle des hinteren Skates. Das Gewicht ist dabei gleichmäßig auf beide Skates verteilt. Daher ist auch eine Scherenbewegung der Beine am besten geeignet, um in diese Fahrposition zu gelangen. In der Endposition ist eine hohe Spannung in den Beinen erforderlich, um die Figur zu halten.

Die hohe Schule – Skaten für Könner

Duckwalk, Toe-Glide und Spider

Duckwalk
Dazu rollen Sie in Schrittstellung: erst den vorderen Skate auf die hintere Rolle stellen, hinten normal rollen. Dann erfolgt der Wechsel, also: vorne normale Rollposition – den hinteren Skate nur auf der vordersten Rolle laufen lassen. Die Figur entsteht, wenn Sie bei einem ständigen Wechsel der beiden Positionen in einer Art Wippbewegung in dem Moment innehalten, wo die gezeigte Position erreicht ist. Zunächst sollte man für den Duckwalk in sehr kleiner Schrittstellung versuchen, die Spitze des vorderen und die Ferse des hinteren Skates anzuheben.

Toe-Glide
Es wird nur auf den beiden vorderen Wheels gerollt. Dazu eine leichte Schrittstellung einnehmen, das Gewicht zwischen beiden Skates zentrieren. Der Trick kann sowohl vorwärts als auch rückwärts gefahren werden.

Spider
Bei dieser Figur fährt das eine Bein vorwärts und das andere rückwärts (Charlie-Chaplin-Haltung der Füße). Bei den ersten Versuchen werden Sie unweigerlich einen (Halb-)Kreis fahren. Will man geradeaus fahren, ist etwas Beweglichkeit in den Hüftgelenken erforderlich. Die extreme Außenrotation der Füße wird erleichtert, wenn die Knie gebeugt sind. Bei etwas Rückenlage ist es auch möglich, (Halb-)Kreise mit dem Rücken zur Kreismitte zu fahren. Im Eiskunstlauf heißt diese Figur Mond. Besonders spektakulär ist diese Figur, wenn sie nur auf den beiden hinteren Rollen gefahren wird. Achtung: Adduktoren gut stretchen und vorbereiten!

High 180°

High 180°
Das einfache Umspringen zum Drehen von Vorwärts auf Rückwärts wird zum echten Hingucker, wenn Sie sich dynamisch in die Luft katapultieren. Leiten Sie die Drehung durch eine Kopfbewegung ein; ziehen Sie außerdem die Arme zum Körper, um die Rotation zu erleichtern. Die Landung wird ganz soft abgefedert durch ein deutliches Beugen der Knie.

Die hohe Schule – Skaten für Könner

Dreiersprung

Der Absprung
Dieser Sprung entstammt eigentlich dem Eiskunstlauf.
Aus dem Vorwärtsrollen in einer Kurve auf der Skateaußenkante wird mit kräftigem Schwungbeineinsatz nach vorne und bogeneinwärts abgesprungen.

Erobern Sie die Luft!

Dreiersprung

Die Landung
Die Landung erfolgt rückwärts auf der Außenkante des anderen Skates; dadurch bleibt die Bogenrichtung erhalten.

Stern

Der Stern

Diese Figur besteht aus zwei Komponenten: Laufen im Kreis und Drehung um die eigene Achse im entgegengesetzten Sinn.

Der Oberkörper bleibt dabei immer zur Kreismitte geneigt. Daraus resultiert eine Rücklage jeweils beim ersten Schritt der Drehung um die eigene Achse. Dies ist der eigentliche Knackpunkt der Bewegung. Denn ohne diese Rücklage verlassen Sie den Kreis, der Bestandteil der Figur ist. Die Drehung um die eigene Achse erfolgt durch ständiges Umsteigen von Vorwärts auf Rückwärts und wieder auf Vorwärts usw. Dabei wird der Wechsel aus der Vorwärtsfahrt in die Rückwärtsfahrt nach bogenaußen durchgeführt. Das bedeutet, die Füße werden in einem Gegenkreis geführt, während die ursprüngliche Kurvenlage erhalten bleibt.

Die weitere Drehung von Rückwärts auf Vorwärts erfolgt dann nach bogeninnen. Je flüssiger und schneller dieses Umsteigen erfolgt, umso enger wird dabei die Gesamtbewegung im Kreis.

Fahrt im Bogen vorwärts:
Der bogeninnere Fuß ist auf der Außenkante, der bogenäußere ist auf der Innenkante gerollt und wird nun angehoben.

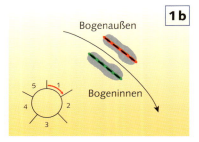

Drehung nach bogenaußen:
Der Außenfuß wird dabei auf Rückwärts gedreht (Aufsetzen der Außenkante). Position »Spider« in Rückneigung.

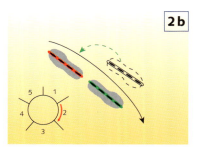

Stern

 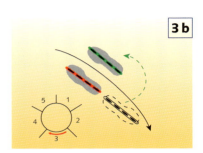

Jetzt folgt der Innenfuß nach und wird rückwärts gedreht außen beigesetzt (auf die Innenkante). Jetzt fahren Sie rückwärts. Der bisherige Außenskate ist zum Innenskate geworden und umgekehrt.

 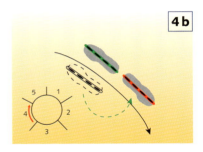

Der nun innere Fuß wird wieder nach vorne gedreht (auf die Innenkante). Position »Spider« in Vorneigung.

 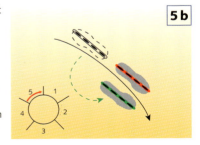

Der Außenfuß folgt nach und setzt bogeninnen auf der Außenkante auf. Damit haben Sie die erste Drehung beendet und rollen wieder vorwärts. Je mehr Drehungen Sie aneinander reihen, umso spektakulärer sieht das Ganze aus.

Die hohe Schule – Skaten für Könner

Slalom-Cross

Slalom-Cross
Ein aus kleinen Hütchen oder Bechern gesteckter Slalom lässt sich mit kreuzenden Beinen spektakulär durchfahren. Abwechselnd überfahren Sie die Hütchen mit gegrätschten und gekreuzten Skates. Bei der Grätsche kippen Sie die Skates nach innen (Bild 2), zum Kreuzen der Beine ziehen Sie die Skates aufeinander zu und kippen sie dann auf die Außenkante (Bild 3).

Fit für Rampe und Röhre

Zum Material – Aggressiveskates

Aggressiveskate der Firma Roces.

Die ersten Versuche können Sie mit normalen Fitnessskates unternehmen. Die Bremse muss allerdings abmontiert werden. Ihre Fitness-schützer haben auf Rampen nichts verloren. Fette Aggressivepads und ein Helm sind selbstverständlich.
Besser sind natürlich Aggressiveskates. Sie sind klobig und schwer, da sie den harten Anforderungen standhalten müssen.
Seitliches Rutschen (Grinden) über Handläufe, Metallrohre oder Mauerkanten (Curbs), hohe Sprünge und rauer Halfpipe-Einsatz verlangen robustes Material. Eine harte Schale als Stütze und ein guter Halt im Sprunggelenk sind daher wichtig. Um den Verschleiß der Schiene beim seitlichen Rutschen zu reduzieren, sind zwei Verstärkungen aus Metall oder Kunststoff angebracht, die Grind-Plates. Halfpipeskates haben Grind-Plates aus Metall. Mit diesen lässt es sich leichter auf der oberen Kante der Halfpipe, einem Metallrohr (Coping), rutschen. Für Streetskater, die viel über Betonkanten (Curbs) gleiten, sind Plastik-Grind-Plates besser. Um die harten Schläge abzudämpfen, sorgen meist dickere Gelkissen unter der Sohle für eine entsprechende Dämpfung.

Fit für Miniramp und Quarterpipe

Arbeiten Sie sich langsam über Quarterpipe und Miniramp an höhere Weihen heran. Erst wenn Sie hier einige Erfahrungen gesammelt haben, können Sie sich auch mal in die Halfpipe wagen!
Beginnen Sie auf einer Quarterpipe mit langer, flacher Transition oder einer kleinen Jumpramp. Üben Sie zunächst aus langsamer Fahrt das Rauffahren und rückwärts Runterrollen. Dabei fahren Sie erst nur ein kleines Stück auf die Rampe. Stehen Sie dazu in leichter Schrittstellung.

Die hohe Schule – Skaten für Könner

Links – lässige Seiten für lässige Skater
- www.aggressive.com

Beim Rauffahren auf die Rampe geben Sie in den Knien weich nach und kauern sich zusammen. Ist der Schwung verbraucht, rollen Sie rückwärts wieder herunter. Sollten Sie aus dem Gleichgewicht kommen, drücken Sie die Kneepads nach vorne unten vor die Skates und fangen den Sturz so auf den Knien ab.

Höher – schneller – weiter

Wenn Sie gelernt haben, dabei das Gleichgewicht zu halten, nehmen Sie mehr Schwung und arbeiten sich Stück für Stück höher. Der Schwung zum Hochfahren wird durch das »Pushen« verstärkt. Machen Sie sich dazu in der Anfahrt klein (Knie und Hüfte beugen). Halten Sie die Arme zum Schwungholen nach hinten. Beim Einfahren in die Transition reißen Sie die Arme nach vorne oben und unterstützen den Schwung durch eine Körperstreckung. Im toten Punkt machen Sie sich wieder klein und rollen dann abwärts. Wenn Sie sicher genug sind, können Sie auch, statt rückwärts herunterzufahren, eine 180-Grad-Drehung ausführen und vorwärts hinunterrollen.

Drehen Sie immer zu der Seite des nachgestellten Beins! Das bedeutet: Fahren Sie in einer Schrittstellung mit dem rechten Fuß vorne auf die Rampe, drehen Sie nach links und umgekehrt. Leiten Sie die Drehung mit Kopf und Oberkörper ein, und ziehen Sie die Knie an, damit die Skates kurz den Kontakt mit der Rampe verlieren. So können diese drehen. Zur Landung tief ducken und Gewicht nach vorne bringen.

Übung macht den Meister: Wenn Sie die Quarterpipe rollend erobert haben, können Sie sich langsam an die Halfpipe heranwagen.

Halfpipe

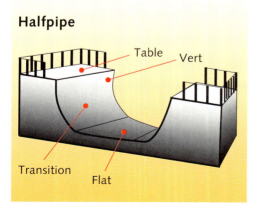

Quarterpipe

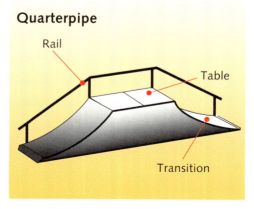

Speedskating – jetzt geht's ab ...

Vom Freizeitskater zum Fitnessfreak

Die Grundlektionen haben Sie hinter sich, die Basistechniken »sitzen«. Da reizt es die meisten von ganz allein, etwas mehr in Fahrt zu kommen und sich auch sportlich mit anderen zu messen. Doch bevor Sie sich in das intensive Ausdauertraining begeben, konzentrieren Sie sich nochmal auf die Verbesserung Ihrer Koordination.

Die Koordinationsschulung

Der Eierlauf
Rollen Sie auf beiden Skates, und wechseln Sie dabei die Beinstellung von X- zu O-beinig. Die Skates kippen von der Innen- zur Außenkante und fahren auseinander oder aufeinander zu. Unterstützen Sie die Bewegung rhythmisch durch Hoch-Tief-Bewegung in den Knien.

Marschieren
Beginnen Sie mit kurzen Skateschritten, und setzen Sie rhythmisch akzentuiert die Arme in Kreuzkoordination ein: linke Faust und rechter Skate nach vorne und Faust Richtung Skate. Dabei Arme betont vor dem Bauch zur gegenüber liegenden Seite schwingen.
Variante: Wie oben, aber die Fäuste werden betont vor den Gleitskate gestoßen, also »in die Gleitrichtung boxen«.

Der Beinschluss
Wichtig für eine effektive und saubere Skatingtechnik ist die perfekte Gewichtsverlagerung. Hilfreich dabei ist das enge Beiholen des Abstoßskates an das Gleitbein. Übertreiben Sie das, und klacken Sie den Schaft der Skates während des Gleitens gegeneinander.

Inzwischen laufen sogar erste Bestrebungen, Speedskaten als Disziplin bei den Olympischen Spielen mit ins Programm zu nehmen. Ob das sinnvoll und angebracht ist, sei dahingestellt. Allein die Diskussion zeigt jedoch, dass sich Skaten als ernst zu nehmende Sportart durchsetzt.

Der Dribbler

Nehmen Sie einen Tennisball mit auf Ihren Skatingausflug, und dribbeln Sie mit dem Tennisball während des Skatens: Beim Aufsetzen des Gleitbeins links den Ball mit der rechten Hand rechts neben dem rollenden linken Skate aufdotzen lassen, 15 bis 20 Wiederholungen, dann Hand- und ergo auch Fußwechsel.

Variante: Den Ball auf der Außenseite des Gleitskates aufdribbeln: also mit der rechten Hand links neben den linken gleitenden Skate (das provoziert eine stärkere Gewichtsverlagerung).

Up and down

Ist ein Bordstein vorhanden, machen Sie Nachstellschritte vom Bordstein hinunter und zurück. Fahren Sie auf dem Gehweg; liegt der Bordstein zu Ihrer Linken: linken Fuß runter, rechten hinterher setzen. Kurze Fahrt parallel zum Bordstein und zurück.

Rechten Fuß hinauf, linken schnell hinterher; immer kürzere Wechsel – und ab und zu die Fahrtrichtung wechseln, um die Schrittfolge auch mit dem anderen Fuß zu beginnen.

Wenn Sie Ihre Koordination auch ohne Rollen schulen wollen: Versuchen Sie's doch mal mit Step-Aerobic. Das ist eine Aerobicform, bei der man so genannte Steps (niedrige Bänkchen) zum Training mit flotter Musik verwendet.

Weitere Vorübungen

- *Außensichel:* Setzen Sie das neue Gleitbein auf der Außenkante auf, und bleiben Sie für einen kurzen Moment auf der Kante. Sie fahren kleine Bögen nach außen, bis Sie auf die Innenkante des Skates kippen.
- *Holländern:* Wie die holländischen Grachtenläufer skaten Sie in mäßigem Tempo und halten dabei die Arme hinter dem Rücken verschränkt. Oberkörper und Schulterachse bleiben ruhig.
- *Balanceakt:* Einen Gegenstand auf dem Kopf balancieren.
- *Schattenlaufen:* Fahren Sie mit einem Partner viele überraschende Richtungswechsel und Wendungen. Bleiben Sie dran, folgen Sie dem Partner wie ein Schatten.
- *Kreuzweise:* Das Schwungbein/Abstoßbein wird vor dem Gleitbein gekreuzt und betont mit der Außenkante aufgesetzt (im Geradeauslaufen, nicht mit Übersetzen zu verwechseln).
- *Rollern:* Stoßen Sie sich mehrmals hintereinander kräftig vom gleichen Skate ab.
- *Gummibeine:* Slalomfahren mit parallel geführten Skates, mit voreinander geführten Schuhen und mit kreuzenden Skates.

Zum Material – Speedskates

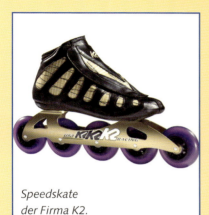

Speedskate der Firma K2.

Die Fünfroller oder Speedskates werden immer beliebter. Die Schiene ist länger (bis 326 Millimeter), und der lange Radstand sorgt für gute Spurstabilität, geht allerdings zu Lasten der Wendigkeit. Der Schaft der Stiefel ist kurz, er endet direkt über dem Knöchel. Auf eine dicke Polsterung wird verzichtet, um eine optimale Kraftübertragung und ein gutes Gefühl für den Untergrund zu gewährleisten. Der niedrige Schuh bietet weniger Halt, verlangt eine ausgefeilte Technik und gut trainierte Beinmuskulatur. Die Schuhe sind aus Leder oder Karbon, die Schienen in der Regel aus leichtem Flugzeugaluminium. Für Profis werden die Schuhe maßgeschneidert. Als Lager werden ABEC 5 und ABEC 7 verwendet, der Rollendurchmesser beträgt 80 Millimeter. Aufgrund der fünf Rollen verteilt sich der Auflagedruck besser, wodurch im Vergleich zu einem Vierroller höhere Geschwindigkeiten mit gleichem Kraftaufwand möglich sind.

Ähnlich wie beim Eisschnelllaufen gibt es auch beim Speedskaten Schienen mit einem Klappmechanismus. Durch die Konstruktion hat der Skater eine längere Abdruckphase vom Untergrund. Auf dem Eis hat der Klappmechanismus den Vorteil, dass sich die Spitze der Kufe nicht ins Eis bohrt. Beim Asphalt bzw. bei den Rollen besteht dieses Problem nicht – die vorderste Rolle gleitet einfach weg. Bislang machen sich die Vorteile des Klappmechanismus speziell auf sehr glattem Untergrund bemerkbar. Ab der Saison 2001 sind diese Skates auch bei offiziellen Rennen (Europa- und Weltmeisterschaft) erlaubt.

Klappskate der Firma Raps.

Die Speedskating-Grundhaltung

Für Tempomacher: die optimale Haltung zum Gasgeben.

In der Speedhaltung sind Sie in allen Gelenken deutlich tiefer gebeugt als bei der Fitnessgrundhaltung. Erreicht wird dadurch zweierlei: Zum einen reduziert sich der Windwiderstand, zum anderen vergrößern sich die Schrittlänge und die Kraft für den Abdruck. Das dynamische Kippen aus der Grundhaltung in die neue Richtung am Ende jeder Gleitphase leitet den neuen Abstoß ein.

Die Rücken- und Bauchmuskeln stärken

Widerstandskräfte beim Radfahren, die sich aufgrund ähnlicher Geschwindigkeiten auf Speedskaten übertragen lassen: Während die durch die Reifen bedingte Rollreibungskraft mit zunehmender Geschwindigkeit nur gering und linear ansteigt, nimmt der Gesamtwiderstand durch den zunehmenden Luftwiderstand steil zu.

Die tiefere Oberkörperhaltung reduziert den Windwiderstand erheblich, da dieser sich exponenziell zum Tempo erhöht. Bei doppeltem Speed müssen Sie gegen einen viermal so hohen Widerstand powern. Außerdem wird das Körpergewicht weiter nach vorne verlagert, so dass die Abstoßkraft vortriebswirksamer eingesetzt werden kann. Jedoch erfordert die tiefe Oberkörperhaltung eine gut ausgebildete Rücken- und Bauchmuskulatur. Ohne gezieltes Krafttraining für diese Muskelgruppen können schnell Beschwerden auftreten. Anfangs sollten Sie daher nur auf kurzen Abschnitten die tiefere Oberkörperhaltung einnehmen. Zwischendurch skaten Sie immer wieder in aufrechter Position. Die Übungen aus dem Workout (siehe Seite 35ff.) und die Trainingstipps im Anschluss helfen Ihnen, Ihre Kraftausdauer deutlich zu verbessern.

Tiefer gelegt

Speedskating-Grundschritt

1. Beim Grundschritt (Bild 1) ist das Gleitbein nur leicht gebeugt. Dadurch ist die Schrittlänge relativ kurz. Beim Speedskatingschritt (Bild 2) ist das Gleitbein schon beim Aufsetzen auf der Außenkante stark gebeugt.

2. Während das Abstoßbein zügig und am Ende explosiv gestreckt wird, bleibt das Knie des Gleitbeins während der gesamten Abdruckphase gebeugt (Kniebeugung bis zu 90 Grad). Erst beim Beiholen des Abstoßbeins richten Sie sich im Gleitbein etwas auf.

Die Grafik zeigt es deutlich: Durch die gebeugte Haltung des Gleitbeins vergrößert sich die Schrittlänge gegenüber dem Grundschritt des Freizeitskaters.

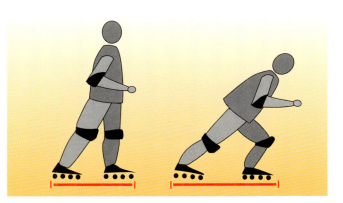

Die hohe Schule – Skaten für Könner

Das Foto zeigt die richtige Koordinierung von Armen und Beinen, um voll auf Touren zu kommen.

Die Armarbeit

Nutzen Sie die Arme deutlich dynamischer für den Vortrieb! Besonders beim Start, in Sprintsituationen oder bei Anstiegen werden die Arme zur Unterstützung des Abstoßes und als Schwungelement eingesetzt.

Und so geht's

Zur Unterstützung der Gewichtsverlagerung auf das neue Gleitbein wird der Arm aktiv zum Gleitbein herübergeschwungen. Das bedeutet: Gleiten Sie auf dem rechten Bein, wird der linke Arm (Schwungarm) gebeugt nach vorne geschwungen, während der rechte Arm (Gegenarm) am Körper vorbei gestreckt nach hinten oben schwingt. Die Hand führt den Schwungarm jedoch nicht wesentlich weiter zur Seite als bis zum Knie des Gleitbeins. Von dort zieht der Arm im letzten Teil des Armschwungs nach vorne.

Bei hohem und gleichmäßigem Tempo auf gerader, ebener Strecke werden die Arme mitunter nicht aktiv eingesetzt, sondern zur weiteren Reduktion des Windwiderstands hinter dem Rücken verschränkt.

Beim Kurvenlaufen mit Übersetzen wird der Armschwung nur einseitig ausgeführt; der kureninnere Arm bleibt hinter dem Körper. Der bogenäußere Arm unterstützt die Gewichtsverlagerung auf das Innenbein, und der Armschwung erfolgt wie beim Geradeauslauf zeitgleich mit dem Abstoß des Außenbeins.

Powerübungen für die Beine

- Verharren Sie in der Abstoßposition. Das Abstoßbein bleibt nach hinten gestreckt und wird angehoben gehalten, während Sie auf dem anderen Bein gleiten.

- Wie Übung eins, jedoch das angehobene Bein mehrmals beugen und strecken.
- Wie Übung eins, aber Sie führen auf dem Gleitbein kleine Kniebeugen aus.
- Übertreiben Sie die Gleitbeinstreckung beim Beiholen des Abstoßbeins, indem Sie vom Gleitbein abspringen. Die Landung erfolgt auch wieder auf dem Gleitbein. Erst dann erfolgt aus der weichen Landung der Abstoß in die neue Richtung.
- Ziehen oder schieben Sie einen oder mehrere Skatingpartner.

Windschattenfahren (Drafting)

In einem Rennen können Sie viel Kraft sparen, wenn Sie im Windschatten anderer Skater fahren. Dazu ist es erforderlich, dicht aufzufahren und Ihren Rhythmus an den der vorderen Fahrer anzupassen.
- Fahren Sie mit Ihren Trainingspartnern als Raupe. Dabei fassen Sie mit beiden Händen seitlich an die Hüfte des Vorderen und versuchen, im gleichen Rhythmus zu laufen. Beginnen Sie in niedrigem Tempo.
- Steigern Sie das Tempo. Lösen Sie dazu die Hüftfassung, aber halten Sie den Abstand klein: je dichter der Abstand, umso größer der Effekt.
- Fahren Sie vor und hinter verschiedenen Partnern, um sich unterschiedlichen Rhythmen anzupassen.
- Wechseln Sie die Führung. Der vorderste Skater schert seitlich aus und lässt sich an das Ende der Gruppe fallen. Beginnen Sie zunächst zu zweit oder dritt, und erhöhen Sie dann die Zahl der Mitskater.

**Links –
schnelle Seiten für
schnelle Skater**
- www.speedskating.de
- www.breakaway skate.com/articles
- www.sssk.se/hjul/ doublepush.html
- www.skate.online home.de/stkiel
- www.doublepush. com

Kraft sparen im Windschatten

Abstand (cm)	Kraftersparnis (%)
20	44
40	42
60	38
100	34
150	30
200	27

(Kraftersparnis durch Windschattenfahren, gemessen beim Radvierer.
Quelle: E. R. Burke, »Science of Cycling«)

Double-Push – die Technik der Profis

Der Double-Push
Kaum eine Technik wird so viel diskutiert wie der Double-Push.
Dabei ist die Grundidee dieser Technik einfach: Bei langen Gleitphasen tritt durch den hohen Rollwiderstand auf dem Asphalt ein Geschwindigkeitsverlust auf. Ein Verkürzen der Gleitphase und damit ein Erhöhen der Schrittfrequenz ist jedoch über lange Distanzen zu ermüdend.
Somit bleibt als Ausweg aus diesem Dilemma nur, auch während der Gleitphase Antriebskräfte zu generieren.

Der Name der Technik rührt daher, dass es zwei Abdruckphasen gibt: einmal den bekannten Abstoß von der Innenkante am Ende des einbeinigen Gleitens (Bild 1). Hinzu kommt aber noch ein Druck über die Außenkante des neuen Gleitbeins, wodurch der Körper seitlich über den aufsetzenden Skate hinausgezogen wird (Bild 2). Eigentlich müßte die Double-Push-Technik also »Pull-and-Push«-Technik heißen.

Damit der »Pull« funktioniert und die zusätzliche Energie zu Beginn der Gleitphase entwickelt wird, muss der neue Gleitskate auf der Rollenmitte und relativ körperfern aufsetzen.

Üben Sie Druck aus

Double-Push – die Technik der Profis

Mit dem bekannten Abstoß von der Skateinnenkante zieht das neue Gleitbein den Körper über den Gleitskate (Bild 4). Dadurch kippt der Skate auf die Außenkante, und der Körperschwerpunkt wandert noch seitlich über den Skate nach außen (Bild 5). Mit dem Kippen von der Außenkante des Gleitskates zurück zur Mitte wird weitere Vortriebsenergie erzeugt (Bild 6) und nahtlos in die Abdruckphase zur anderen Seite übergeleitet.

Übungen für den Double-Push
- Beschleunigendes Übersetzen in beide Richtungen. Laufen Sie schnelle Kurven in Form einer Acht. Dabei üben Sie insbesondere den Abdruck über die Außenkante des Innenbeins. Durch die Kurvenlage gewöhnen Sie sich an die Gewichtsverlagerung über das Gleitbein hinaus.

- Fahren Sie einbeinige Bögen auf der Außenkante. Richten Sie sich dabei aus gebeugtem Knie auf, um Druck auf die Kante zu bekommen.

- Bauen Sie mit kleinen Hütchen oder Steinchen einen Slalom auf. Versuchen Sie, einbeinig Slalom zu fahren, ohne an Tempo zu verlieren. Drücken Sie dabei die Ferse zu Beginn jeder Kurve nach außen, und kippen Sie den Skate stets zum neuen Hütchen hin.

Die hohe Schule – Skaten für Könner

Der »Radikalroller« Dirk Auer in action.

Manche mögen's atemberaubend

Bizarres auf Rollen: Der Skatemaniac Dirk Auer ließ sich hinter einem Porsche auf über 300 Kilometer pro Stunde beschleunigen, raste mit Integralhelm und Lederkombi ausgestattet durch eine Bobbahn und katapultierte sich eine Achterbahn hinunter.

Schon von weitem hört man ein dröhnendes Motorengeräusch, das immer lauter anschwillt und sich zum ohrenbetäubenden Lärm entwickelt. Im Bruchteil einer Sekunde zischt aus dem Nichts kommend ein 650 PS starker Porsche GTII an einem vorbei. Für eine Rennstrecke nicht weiter spektakulär. Aber als »blinder Passagier« hängt ein Inlineskater an der Stoßstange des Rennwagens. Eine kleine schwarze Gestalt auf orangefarbenen Skates.

Dirk Auer – ein Mann der Extreme

Der Name des Schwarzfahrers: Dirk Auer. Ein Mann der es gern schnell und schrill mag. Besonders auf Skates. Die Mission seines Höllenritts: Auf über 300 Kilometer pro Stunde soll ihn der Porsche beschleunigen. Eine Geschwindigkeit, die nicht einmal Fallschirmspringer im freien Fall bekommen.

Den Speedrekord hat er akribisch und minutiös geplant. Sechs Paar Skates hat er sich extra anfertigen lassen, Kostenpunkt: 1000 DM pro Paar. Die Stahlkugellager sind gegen Keramiklager ausgetauscht, die

Extremeskating

auch noch der Wärmeentwicklung jenseits der 300 Kilometer pro Stunde standhalten. Über 120 Rollen hat die direkte Vorbereitung für den Rekordrun verschlissen. Im Windkanal feilte der Speedjunkie an der optimalen aerodynamischen Position, die Halterung am Heck des Porsches wird millimetergenau installiert. »Bei diesem Tempo darf nichts schief gehen«, kommentiert er seinen Höllenritt.

Seine Lederkombi sowie der Schutzpanzer und der Helm wären bei einem Sturz rein kosmetischer Natur. Damit sein Kopf bei der extremen Beschleunigung nicht in den Nacken geschleudert wird, fixiert eine Genickstütze den Helm in der richtigen Position. Angst? »Angst habe ich schon bei solchen Projekten, aber die verdränge ich. Sie würde mich nur ablenken«, gesteht der Skatemaniac.

Grenzerfahrung Hochgeschwindigkeit

Als Ort für seinen Rekordversuch hat er das Hochgeschwindigkeitsoval in Nardo in Süditalien gewählt. Zwölf Kilometer misst die Strecke. Das erste Mal passiert das schnelle Gespann nach knapp vier Minuten die Lichtschranke. 299 Kilometer pro Stunde leuchten auf der Anzeigentafel auf. Weltrekord, aber die Schallmauer von 300 Kilometer pro Stunde ist nicht geknackt. Neue Runde, neuer Versuch: Der Porschefahrer drückt richtig aufs Gas, aber beim Durchfahren der Lichtschranke bleibt die Anzeige bei 297 stehen. Die Hände und Arme verkrampfen schon leicht ob der enormen Anspannung beim Festkrallen an der Halterung. Aber aller guten Dinge sind drei! Also noch eine Runde. Und diesmal klappt es: 307 Kilometer pro Stunde verbucht die Anzeigentafel. Grenzerfahrungen für Mensch und Material. Der Rollenmantel schmilzt erst und platzt dann von den Felgen, Dirk ist schweißgebadet unter seiner Lederkombi.

Nonstop von Portugal nach Frankreich

Dieser Hochgeschwindigkeitsrekord ist nicht die erste Extremleistung für den Speedfanatiker Auer. Seit seinem fünften Lebensjahr steht er auf Skates, und das mit großer Ausdauer.
Bereits 1995 stellte er eine 24-Stunden-Bestleistung auf. Die 521 Kilometer von Frankfurt nach München schaffte er innerhalb eines Tages. Und nur ein Jahr später legte er nonstop 3000 Kilometer von Portugal über Spanien nach Frankreich zurück.

Lebensmüde? Dirk Auer lachend: »Ich stehe im Funkkontakt zum Fahrer, bei Gefahr kann ich jederzeit abbrechen. Außerdem sind Ausrüstung und Haltekonstruktion für höhere Geschwindigkeiten getestet – da passiert nichts!«

Die hohe Schule – Skaten für Könner

Auer auf der Achterbahn.

Link – der schnellste Mann auf Skates
• www.dirkauer.de

Das Abenteuer Achterbahn

Seine härteste Herausforderung bisher war jedoch der Wahnsinnsrun auf einer Achterbahn. 54 Sekunden dauerte der Ritt über das Stahlgerüst – danach hatte der unter Höhenangst leidende Auer wieder festen Boden unter den Füßen.

Eine schwere Stahlkonstruktion ersetzte die Skates, jeweils 16 Rollen fixierten die Schuhe und rollten auf und unter den Schienen der Bahn.

Auer beim Anlegen seiner Spezialkonstruktion.

Die selbst gefertigten Spezialteile kosteten über 4000 DM und verschlangen mehr als 100 Arbeitsstunden in seiner Werkstatt. Und das alles für 54 Sekunden, 520 Meter Fahrt und 13 Kurven. Den Fliehkräften in den Kurven musste er mit seiner Bein- und Rumpfmuskulatur standhalten. In der Abfahrtshocke eines Skirennläufers katapultierte er sich in die Tiefe. Drei 180-Grad-Kurven schleuderten ihn fast aus der Bahn, doch er hielt tapfer Stand und musste nicht die für einen Notfall angebrachte Handbremse ziehen.

Der absolute Wahnsinn

»Easy Rider« einmal anders...

Gastspiele auf der Bobbahn und ...
Gegen diesen Stunt war seine Fahrt durch die Bobbahn von Königssee fast eine Spazierfahrt. Mit Tempo 80 raste er durch die Betonschlange, meisterte jede Steilkurve souverän, fast spielerisch.

... beim Motocross
Der letzte große Auftritt des Verrückten auf Skates war seine Show bei den Motocross-Meisterschaften. Auf selbst gebauten Offroadskates ließ er sich von einem Motorrad mit 90 Sachen durch Schlamm und Pfützen ziehen. Das Zubehör für seine Skates: 82 Zentimeter lange Schienen und Reifen von seinem Rasenmähertraktor. Acht Zentimeter waren die Pneus breit und maßen 24 Zentimeter im Durchmesser.

Ein Irrer auf Rollen? Dirk Auer: »Ein bisschen verrückt bin ich schon, klar. Aber ich sichere mich gut ab. Außerdem bin ich ja kein ungeübter Skater...«

Auers Spezialrolle für die Bezwingung von Schnee und Eis.

Auf Sand und Eis
Die nächsten Projekte sind in Planung: Demnächst geht es hinter einem Jeep durch die hohen Sanddünen der nordafrikanischen Wüste und dann mit speziellen Spike-Slicks (siehe Bild links) auf die Ski-Hochgeschwindigkeitsstrecke nach Vars in Frankreich. Hauptsache: schnell.

Perfektes Fitness-training auf Skates

Die Maschine Mensch

Um effektiv zu trainieren, ist es hilfreich, einen Einblick in die physiologischen Prozesse zu erhalten, die in unserem Körper ablaufen. Wie arbeiten die Muskeln, wie funktioniert die Energiegewinnung, welche Stoffwechselprozesse liegen sportlichen Aktivitäten zugrunde, welche Auswirkungen haben unterschiedliche Belastungsintensitäten auf Muskeln, Sehnen und Bänder? Mit der Beantwortung dieser Fragen lässt sich das Training effektiver und zielgerichteter steuern.

Die Muskulatur – so arbeitet unser Motor

Die menschliche Bewegung ist ein komplexer biochemischer und biomechanischer Prozess. Die Abläufe lassen sich jedoch am Bild des Automotors gut veranschaulichen.

In den Zylindern eines Verbrennungsmotors wird ein Gemisch aus Benzin und Luft durch einen Zündfunken zur Explosion gebracht. Dabei wird die im Benzin gespeicherte Energie in Bewegungsenergie umgewandelt, die Auf- und Abbewegungen der Kolben. Die Kolben treiben die Antriebswelle an, diese wiederum überträgt die Kraft auf die Räder. Das Auto kommt ins Rollen. Bei der Explosion in den Zylindern entsteht als Nebenprodukt Wärme. Diese wird durch eine Luft- oder Wasserkühlung abgeleitet, damit der Motor nicht überhitzt. Die durch die Explosion entstandenen Abgase werden über das Auspuffsystem an die Umgebung abgegeben.

In ihrem Aufbau gleichen die Muskelzellen den übrigen Zellen unseres Körpers. Als Besonderheit aber befinden sich in den Muskelzellen Eiweißstrukturen (so genannte Myofibrillen), die sich bei Erregung der Muskelfasern zusammenziehen können.

Energie durch Biochemie

Übertragen auf den menschlichen Organismus bedeutet dies: In den Zellen der Muskulatur kommt es durch biochemische Reaktionen zur Aufspaltung des energiereichen Adenosintriphosphats (ATP), also quasi zur Explosion des Benzin-Luft-Gemischs. Dadurch wird Energie freigesetzt. Diese Energie nutzen die Eiweißmoleküle der Muskelzelle, die Aktin- und Myosinfilamente (quasi die Kolben der Muskeln), um sich zusammenzuziehen: Die Muskulatur verrichtet Arbeit. Außerdem

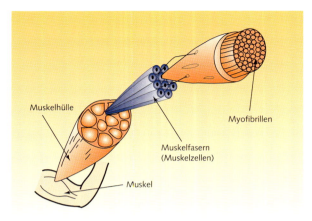

Die Grafik zeigt den Aufbau eines Muskels.

entsteht Wärme, die mit den Zellabfallprodukten, Milchsäure bzw. Laktat aus der Adenosintriphosphat-Zerlegung, über das Blut abgeführt wird. Arbeitet unsere Muskulatur langsam, aber beständig, sind Wärme und Abfallprodukte gering. Machen wir hingegen einen »Vollgasstart« (vergleichbar einem »Burnout« beim Auto), fällt enorm viel Laktat an (sozusagen hohe Abgaswerte). Das macht weder ein Verbrennungsmotor noch die menschliche Muskulatur lange mit. Die entstandene Wärme wird an die Umgebungsluft abgeführt, wir schwitzen. Dadurch wird verhindert, dass der Muskel zu »heiß läuft« (Wasser- bzw. Luftkühlung beim Auto). Allerdings ist die Wärmeproduktion nicht wie beim Auto eine unerwünschte Nebenwirkung, sondern dient dazu, den Körper auf die für die Stoffwechselvorgänge optimale Temperatur zu bringen.

Der Nachschub muss rollen

Die Muskelzellen sind der Motor des Menschen, Kohlenhydrate und Fette das Benzin für die Muskeln.

Zurück zum Motor: Damit er läuft, muss ständig Benzin nachfließen und der Vergaser Luft ansaugen, um das Sprit-Luft-Gemisch in die Zylinder zu pumpen, wo es zur Explosion kommt. Wenn die Tanks leer sind, fängt der Motor an zu stottern. Saugt der Vergaser nicht genug Luft an, kann der Sprit nicht verbrennen. Das Gleiche läuft im Körper ab. Der Energienachschub in die Muskelzellen muss stimmen, ebenso die Sauerstoffzufuhr durchs Blut. Die Lunge (Vergaser) reichert das Blut mit dem nötigen Sauerstoff an.

Je größer die Energieanforderung ist, umso mehr sauerstoffreiches Blut muss in die belastete Muskulatur gepumpt werden – die Pulsfrequenz geht hoch. Beim Auto erhöht sich die Drehzahl, wenn man beschleunigt. Im Gegensatz zum Auto hat der menschliche Körper allerdings einen deutlichen Vorteil: Ihm stehen drei Treibstofftanks zur Verfügung. Und zwar alle mit unterschiedlichem Sprit und unterschiedlichem Volumen.

Vollgas mit Kreatinphosphat

Für einen Sprint bzw. die ersten Meter einer langen Belastung nutzen die Muskel-»Kolben« das bereits in den Muskelzellen vorhandene ATP bzw. einen ähnlichen Stoff, das Kreatinphosphat. Mit diesen Phosphaten kann man zwar »Vollgas« geben; allerdings reichen die kleinen Tanks nur für kurze Zeit – nach zehn Sekunden ist Schluss. Der ATP-Sprit verbrennt ohne Sauerstoff und ohne Bildung von Milchsäure – sozusagen abgasfrei.

Glykogen für Dauerbelastung

Fährt man danach weiter hochtourig, muss ein anderer Tank angezapft werden: die Kohlenhydrate in Form von Glykogendepots in den Muskeln und der Leber. Diese Energie verbrennt unter Sauerstoffmangel (anaerob) – aber mit einer großen Menge an Abfallprodukten in Form von Milchsäure (Laktat). Wird dieses Abfallprodukt nicht schnell entsorgt und zu Leber, Herz, Nieren oder weniger belasteten Muskeln transportiert, sammelt es sich direkt im Muskelmotor und führt zum muskulären »Kolbenfresser« (Übersäuerung bzw. Krämpfe). Normalerweise liegen die Laktatwerte in Ruhe bei 0,5 bis 2 Millimol pro Liter Blut. Bei hohen Belastungen kann der Wert bis über 15 Millimol ansteigen.

Der berühmte Muskelkater nach anstrengenden oder ungewohnten Bewegungen wird nicht, wie man lange meinte, durch angehäufte Milchsäure oder andere Stoffwechselprodukte verursacht, sondern durch Mikroverletzungen in den Muskelzellen.

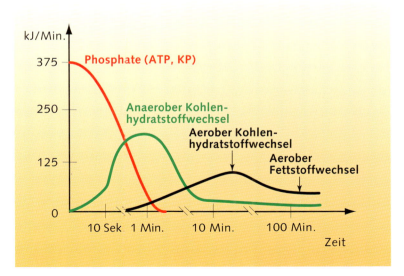

Die drei Energiedepots des Körpers und ihre Nutzung in Abhängigkeit zur Belastungsdauer (Quelle: Badtke et al. 1987).

Perfektes Fitnesstraining auf Skates

Bei geringen Belastungsintensitäten von bis zu 2,5 Millimol pro Liter wird in erster Linie Fett als Energielieferant genutzt.

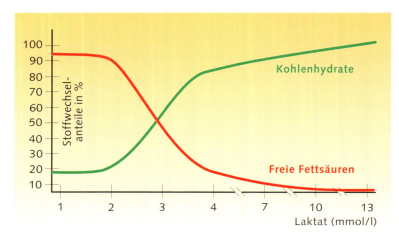

Der dritte Treibstofftank ist der mit der längsten Leitung, er ist aber auch am größten. Er liefert Kohlenhydrate und Fette, die unter Sauerstoffzufuhr verbrennen und kaum Milchsäure zurücklassen. Der Laktatwert steigt daher auch nicht über eine Schwelle von zwei Millimol pro Liter an. Diese Energiequelle wird bei lang anhaltenden Belastungen mit niedriger Intensität genutzt. Das Gute ist: Die Kohlenhydrate sind zwar begrenzt, aber die Fettdepots fast unerschöpflich.

Generell gilt: Je später der Laktatanstieg einsetzt, desto besser ist die Fähigkeit zu Ausdauerleistungen.

Was die Laktatwerte sagen

Für die Laktatmenge gilt: je höher die Belastungsintensität, desto höher die Laktatkonzentration. Grundsätzlich geht man davon aus, dass Belastungen, die zu einer Laktatkonzentration von vier Millimol pro Liter führen, noch im grünen Bereich sind. Das bedeutet: Die Energiebereitstellung läuft an der aerob-anaeroben Schwelle, und der Körper ist noch in der Lage, die anfallende Milchsäure im gleichen Tempo abzubauen. Liegt die Intensität niedriger, so dass Laktatwerte bis maximal drei Millimol pro Liter erzielt werden, ist die Energiegewinnung aerob und der Anteil der Fettverbrennung prozentual am größten – also optimal für ein Fatburningtraining.

Bei Belastungen, die zu einem Laktatwert von zehn Millimol pro Liter oder mehr führen, erfolgt die Energiebereitstellung ausschließlich anaerob. Diese Belastungen sind nur sehr kurzzeitig zu bewerkstelligen.

Energievorräte (Kilokalorien) bei einem Körpergewicht von 70 Kilogramm

Trainingszustand	Untrainiert	Ausdauertrainiert
Energiereiche Phosphate (ATP, KP)	20 kcal	40 kcal
Kohlenhydrate (Glykogen)	1 200 kcal	2 400 kcal
Fette	50 000 kcal	40 000 kcal

Der Stoffwechsel trainiert mit

Wichtig für ambitionierte Freizeitskater ist: Durch Training lassen sich die Stoffwechselvorgänge beeinflussen. Regelmäßiges Ausdauertraining führt dazu, dass der Laktatwert bei gleicher Belastung sinkt. Sie können also entweder höhere Geschwindigkeiten skaten, ohne zu übersäuern, bzw. bei gleichem Tempo erfolgt die Energiebereitstellung verstärkt unter Sauerstoffeinsatz. Das bedeutet, es werden mehr Fette verbrannt und die Kohlenhydratspeicher für einen Zwischen- oder Endspurt geschont. Außerdem werden die Kohlenhydrattanks in den Zellen größer, Sie können also mehr Kraftstoff (Kohlenhydrate) bunkern. Und: Der Körper ökonomisiert den Abbau von Laktat. Sollten Sie also mal zu viel Gas gegeben haben und viel Milchsäure entstanden sein, wird diese schnell wieder abgebaut.

Herzfrequenz – Drehzahlmesser für Training und Wettkampf

Eigentlich wäre eine permanente Laktatkontrolle die optimale Trainingssteuerung. Doch das ist praktisch nicht möglich, da hierzu ständig Blut abgezapft werden müsste. Man bedient sich daher zur Trainingssteuerung der Herzfrequenz. Diese entspricht – um im Bild des Autos zu bleiben – der Drehzahl. Allerdings ist die Pulsfrequenz von verschiedenen Faktoren abhängig, beispielsweise:

Der Puls wird von vielen Faktoren beeinflusst. Auch Geschlecht, Körpergewicht und regelmäßige Medikamenteneinnahme spielen hierbei eine Rolle.

- Lebensalter
- Klima
- Trainingszustand
- Sportart (z. B. hat man beim Laufen eine um rund zehn Schläge höhere Herzfrequenz als beim Radfahren bei gleicher Sauerstoffaufnahme)
- Gesundheitszustand (z. B. Erhöhung bei Schilddrüsenüberfunktion oder Eisenmangel)

Ein einfacher Belastungsmesser

Durch die Herzfrequenz kann man die Belastungsintensität unabhängig vom subjektiven Befinden einschätzen. Interessant ist die Pulsfrequenz für Freizeitsportler auch deshalb, weil sie einfach zu ermitteln und trotzdem sehr aussagekräftig ist.

Anhand der maximalen Pulsfrequenz legt man die unterschiedlichen Trainingsbereiche fest (siehe Seite 119f.). Natürlich ist auch das Feeling beim Training, die gefühlte Belastung, wichtig. Allerdings erfordert eine rein subjektive Steuerung der Intensität viel Erfahrung vom Sportler. Er muss sich und seinen Körper gut kennen, um die Eindrücke richtig zu interpretieren.

Schon eine Reduktion um zehn Schläge in der Minute bedeutet, dass Ihr Herz pro Stunde 600-mal weniger schlagen muss, 14 400-mal am Tag, 5 200 000-mal im Jahr.

So bestimmen Sie Ruhepuls und maximale Herzfrequenz

Der Ruhepuls

Der so genannte Ruhepuls gibt darüber Auskunft, wie oft Ihr Herz im Zustand der Ruhe schlägt.

Kontrollieren Sie Ihren Ruhepuls regelmäßig morgens gleich nach dem Aufwachen, und zwar noch vor dem Aufstehen.

Und so geht's

Legen Sie Zeige- und Mittelfinger an das Handgelenk oder an die Seite des Halses. Zählen Sie 60 Sekunden durch, da der Puls in Ruhe sehr starken Schwankungen unterliegt. Durch Training vergrößert sich das Schlagvolumen Ihres Herzes, der Ruhepuls sinkt ab. Untrainierte haben meist einen Puls zwischen 60 und 90. Bei trainierten Ausdauersportlern wie Radfahrern, Läufern oder Triathleten senkt sich der Puls bis auf 32 Schläge pro Minute ab. Eine Erhöhung des Ruhepulses kann ein Indiz für zu intensives Training sein, für beruflichen oder privaten Stress oder gar eine Infektion ankündigen. Wenn Ihr Ruhepuls plötzlich um zehn Schläge nach oben geht, sollten Sie auf jeden Fall die Ursache herausfinden und beheben.

Die maximale Herzfrequenz (HFmax)

Sie beschreibt, was Ihr Herz unter maximaler Belastung in einer bestimmten Sportart zu leisten imstande ist. So haben Sie beispielsweise beim Laufen oder Skaten eine höhere maximale Herzfrequenz als beim Radfahren. Die absolute maximale Herzfrequenz ist davon jedoch unabhängig und lässt sich auch kaum verschieben.

Der Stufentest

Am besten lässt sich über einen Stufentest die maximale Herzfrequenz ermitteln. Meist wird der Test auf einem Fahrradergometer oder Laufband durchgeführt, Einrichtungen für Belastungstests auf Skates haben die wenigsten Institute. Wählen Sie das Laufband, da das Herzfrequenzverhalten beim Skaten dem beim Laufen ähnelt. Bei diesen Belastungstests wird schrittweise die Geschwindigkeit erhöht. Dabei werden Ihre Herzfrequenz und auch der Laktatwert gemessen. Das Tempo wird so lange gesteigert, bis Sie nicht mehr können. Sie haben Ihre maximale Herzfrequenz erreicht. Dadurch, dass Pulswerte und Laktatanfall in Zusammenhang gesetzt werden, lassen sich genaue Pulsvorgaben für verschiedene Trainingsintensitäten ermitteln.

Einen Stufentest können Sie an einem leistungsdiagnostischen Institut oder einer sportmedizinischen Anstalt durchführen lassen (Adressen siehe Seite 169ff.). Solche Tests kosten zwischen 100 und 700 DM, je nach Umfang der weiteren Testparameter.

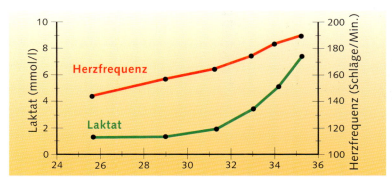

Je später der Laktatanstieg einsetzt, desto besser ist die Ausdauer. Ein Schnellkraftsportler arbeitet mit wesentlich höheren Laktatwerten (Quelle: Feldstufentest, Universität Marburg).

Perfektes Fitnesstraining auf Skates

Herzfrequenztest auf Skates

Als Neueinsteiger sollten Sie auf alle Fälle einen Belastungsstufentest unter ärztlicher Aufsicht machen – und nicht auf eigene Faust den Zwei-Kilometer-Streckentest. Der kann nur Menschen empfohlen werden, die sehr sportlich sind und über ein ausgeprägtes Körpergefühl verfügen.

Sie können mit Hilfe eines Pulsmessgeräts Ihre maximale Herzfrequenz auch selbst bestimmen. Um den Max-Test zu machen, benötigen Sie neben der Pulsuhr noch eine ebene, verkehrsfreie Straße, die ungefähr zwei Kilometer lang ist. Und schon kann es losgehen:

Wärmen Sie sich intensiv auf, und machen Sie kurze Skatesprints über wenige Sekunden. Wenn Sie richtig frisch sind, können Sie die Teststrecke in Angriff nehmen. Fahren Sie die Strecke im maximalen Tempo, und legen Sie zum Schluss noch einen Sprint ein. Im Ziel müssen Sie das Gefühl haben: Länger hätte die Strecke nicht sein dürfen. Die höchste aufgezeichnete Herzfrequenz innerhalb dieser Strecke entspricht Ihrer maximalen Herzfrequenz.

Richtiger Umgang mit Pulsfrequenzgeräten

Die Herzfrequenzgeräte bestehen aus einem Brustgurt mit Sender und einer Armbanduhr. Der Brustgurt registriert die Herzschläge und leitet sie an die Uhr weiter. So können Sie Ihre momentane Herzfrequenz ständig kontrollieren. Die Geräte werden von verschiedenen Firmen angeboten (beispielsweise Polar, Sigma Sport, Huger, Ciclo-Sport etc.). Die Preise liegen zwischen 130 und 500 DM. Noch ein paar Tipps, die Sie sich zu Herzen nehmen sollten:

Das Foto zeigt das richtige Anlegen eines Herzfrequenzmessers.

● *Anschnallen, bitte:* Der Gurt sollte kurz unterhalb der Brustmuskulatur getragen werden. Ist die Datenübertragung lückenhaft, kann es sein, dass der Gurt nicht fest genug gezogen wurde.

● *Wasser marsch:* Wenn Sie einen Herzfrequenzmesser mit Brustgurt benutzen, befeuchten Sie den Sensor des Gurts vor dem Training mit ein paar Tropfen Wasser. So verbessern Sie die Datenübertragung.

● *Störfaktor:* Verschärfen oder verlangsamen Sie das Tempo, benötigt die Pulsuhr etwa 15 Sekunden, um sich auf den neuen Wert einzupegeln. Steigern Sie daher das Tempo nur langsam. So treiben Sie Ihren Puls nicht in ungeahnte Höhen.

Lassen Sie es langsam angehen

Was Sie noch beachten sollten

- Cool bleiben: Das Herz reagiert auf Temperaturschwankungen. Wird es draußen heiß, steigt auch Ihr Ruhepuls – und somit Ihre Pulsfrequenz während des Trainings. Der Körper hat dann schon genug mit der höheren Belastung zu kämpfen. Skaten Sie also etwas lockerer.

- Stressfrei trainieren: Lassen Sie sich vom Pulsmesser nicht unter Druck setzen. Die angegebenen Trainingsfrequenzen sind Richtwerte. Gelegentliche Abweichungen von bis zu fünf Schlägen sind kein Problem. Wenn Sie merken, dass Sie beim Training ständig auf die Uhr schauen, lassen Sie das Gerät einfach mal einen Tag zu Hause.

- Einsteiger sollten sich zunächst am individuellen »Wohlfühl«-Tempo orientieren, unabhängig von bestimmten Pulsvorgaben. Wer lange keinen Sport getrieben hat, der wird am Anfang sehr hohe Pulswerte haben, ohne besonders hohe Geschwindigkeiten zu erzielen. Das liegt daran, dass die Bewegungen noch unökonomisch ablaufen, das Herz-Kreislauf-System sich noch nicht an die Belastung gewöhnt hat und psychische Ängste vor einem Sturz den Herzschlag beschleunigen.

Pulsfrequenzempfehlungen richten sich in erster Linie an Fitnessskater, die zielgerichtet ihre Leistung steigern wollen.

Herzfrequenz bei Anfängern und Fortgeschrittenen

Nach einer Untersuchung von Dr. Henry Schulz von der Ruhr-Universität Bochum liegen die Laktatkonzentrationen von Freizeitskatern deutlich unter denen von Läufern. Von 276 untersuchten Skatern hatten 84,6 Prozent eine Laktatkonzentration unter der Schwelle von vier Millimol pro Liter. Der Energieverbrauch beträgt im Vergleich zum Laufen sogar nur ein Drittel bei gleicher Geschwindigkeit. Für Leute mit schlechter Ausdauerfähigkeit ist Skaten daher ein optimaler Sport für den Start in eine Ausdauerdisziplin.

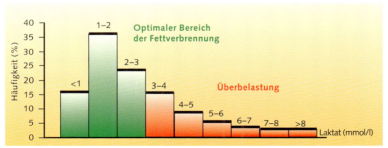

Die Grafik zeigt, dass der Großteil der Skater mit niedrigen Laktatwerten trainiert – also im gesunden aeroben Bereich (Quelle: Schulz/ Reiffer/ Heck 1996).

Perfektes Fitnesstraining auf Skates

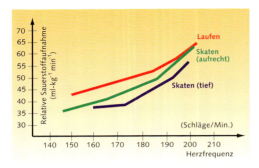

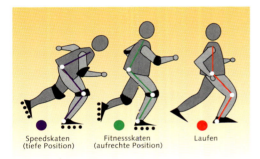

Die tiefe Speedhaltung führt durch statische Muskelarbeit der Beine und der Rumpfmuskulatur zu höheren Laktatwerten (Quelle: nach Rundell 1996).

Je nach Leistungsniveau variiert die Herzfrequenz bei gleichen Laktatwerten (Quelle: Schulz: »Lifetime Sport Inline«, 1999).

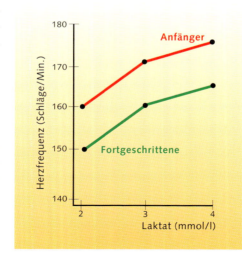

Die Rolle der Körperhaltung

Bei fortgeschrittenen Sportlern der jeweiligen Disziplinen verhält es sich umgekehrt: Während geübte Läufer trotz höherem Tempo und Trainingsumfang meist geringere Laktatkonzentrationen aufweisen, steigt der Milchsäureanteil im Blut bei fortgeschrittenen Fitness- und Speedskatern. Wahrscheinlich ist die gebeugte Oberkörperhaltung bei höherem Tempo die Ursache hierfür. Dies zeigte eine vergleichende Untersuchung beim Skaten mit konstanter Geschwindigkeit mit aufrechtem und horizontalem Oberkörper. Untersuchungen beim Eisschnelllauf, der von der Belastung nahezu identisch mit Speedskaten ist, zeigen Laktat-Steady-state-Werte von bis zu 6,6 Millimol pro Liter an. Der Grund hierfür ist die erhöhte statische Haltearbeit der Rumpfmuskulatur, was zu einer schlechteren Muskeldurchblutung führt.

Der Puls sinkt

Zwischen ungeübten und fortgeschrittenen Skatern zeigte sich beim Verhältnis von Laktat zur Herzfrequenz eine Differenz von zehn Schlägen pro Minute. Beispiel: Bei einem Laktatwert von drei Millimol pro Liter wiesen die 19 geübten Skater eine durchschnittliche Pulsfrequenz von 160 Schlägen pro Minute auf, die 21 Anfänger eine Frequenz von 170.

Die Trainingsform und -intensität

Beim Inlineskating handelt es sich – mit Ausnahme der wenigen Sprintwettbewerbe für Spezialisten – um eine so genannte Langzeitausdauerdisziplin. Das bedeutet, dass die Belastung mehr als zehn Minuten andauert und die Energie damit auf überwiegend aerobem Weg bereitgestellt werden muss.

Bei einer Wettkampfdauer von 35 bis etwa 90 Minuten wird zu 80 Prozent die aerobe Energiebereitstellung in Anspruch genommen. Beträgt die Wettkampfdauer mehr als 90 Minuten und bis zu drei Stunden, sogar zu 95 Prozent.

Für einen Halbmarathon über 21 Kilometer benötigen Topskater etwa 30 Minuten, ein sehr guter Fitnessskater wird für einen Marathon (also 42 Kilometer) etwa 90 Minuten benötigen, meist etwas mehr. Somit sollten Fitnessskater ihr Training eindeutig auf die Verbesserung der aeroben Energieumwandlung ausrichten.

Systematisch die eigene Leistung steigern

Schon der Begriff des Trainings beschreibt eine systematische Arbeit mit dem Ziel der Leistungssteigerung. Das bedeutet: Übt man einfach so drauf los, trainiert man eigentlich nicht. Eine Leistungssteigerung ergibt sich dann nur rein zufällig.

Für ein systematisches Training ist die geplante Abfolge der Einheiten entscheidend. Durch Training wird der Körper so belastet, dass er ermüdet. Nach Ende der Belastung erholt man sich wieder. Unser Körper stellt sich jedoch auf eine neue Belastung wieder ein, indem die Leistungsbereitschaft nach vollständiger Erholung zunächst höher ist als vorher. Dies wird als Superkompensation (»Übererholung«) bezeichnet. Erfolgt kein neuer Belastungsreiz, kehrt das Körpersystem langsam zum alten Ausgangszustand zurück.

Effektives Training legt die nächste Belastung in die Phase der so genannten Superkompensation, da jetzt die Leistungsfähigkeit des Körpers deutlich erhöht ist.

Perfektes Fitnesstraining auf Skates

Nach Belastung und Erholung ist zeitweise eine erhöhte Leistungsbereitschaft vorhanden.

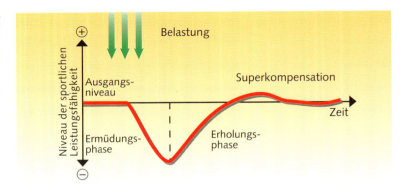

Auf die Dosis kommt es an

Lassen Sie sich genügend Zeit zur Erholung!

Soll die Leistungsfähigkeit gesteigert werden, besteht die Kunst darin, im Moment der erhöhten Leistungsbereitschaft einen neuen Reiz zu setzen. Damit ist das neue Ausgangsniveau höher, und nach der Erholung wird dieses höhere Niveau wieder erreicht bzw. in der Superkompensation erneut überschritten. Nur durch richtiges Timing erhöht sich die Leistung.

Wird die nächste Einheit zu früh angesetzt, erfolgt ein Leistungsabfall (Übertraining). Denn in diesem Fall liegt das Leistungsvermögen noch unter dem Ausgangsniveau.

Also: im Zweifel lieber etwas länger warten, als zu oft zu trainieren. Allerdings: nur einmal die Woche bringt auch nichts!

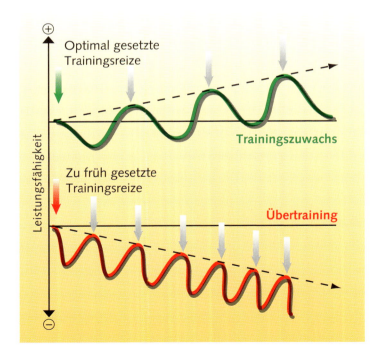

Die Trainingsbereiche

Es geht beim Skaten vor allem darum, die Ausdauerleistung zu verbessern. Das Ausdauertraining wird allgemein in vier Trainingsbereiche unterteilt, die sich in der Intensität unterscheiden. In jedem Fall gilt: nach zwei bis drei Wochen mit ansteigender Belastung eine Erholungswoche mit verringertem Pensum einplanen!

Das extensive Grundlagenausdauertraining

Beim extensiven Grundlagenausdauertraining (GA 1) wird mit hohen Umfängen bei relativ geringer Intensität (70–85 % von HFmax, Laktat < 2,5 mmol/l) die Basis der Leistungsfähigkeit gebildet. Die Energie wird überwiegend durch das Verbrennen von Fetten unter Nutzung von Sauerstoff (aerob) gewonnen.

Als Fitnessskater wird man sich meist in diesem Bereich aufhalten. Angewendet wird die Dauermethode mit kontinuierlicher und mit wechselnder Geschwindigkeit (Fahrtspiel). Die Dauer der Belastung beträgt nicht unter 45 Minuten.

Das intensive Ausdauertraining

Beim intensiven Ausdauertraining (GA 2) wird an der anaeroben Schwelle trainiert (mit 80–90 % von HFmax, Laktat 3–6 mmol/l), und man nimmt kurzzeitig auch den anaeroben Stoffwechsel in Anspruch. Durch das GA-2-Training wird der Körper an höhere Belastungen herangeführt (Entwicklungstraining). Die Belastungsdauer beim intensiven Ausdauertraining beträgt etwa 20 bis 50 Minuten.

Als Hauptmethoden kommen die wechselhafte Dauermethode und das extensive Intervalltraining zur Anwendung.

Bevor die richtige Trainingsart feststeht, muss man ein klares Ziel haben und über seinen aktuellen Gesundheits- und Fitnesszustand Bescheid wissen. Sonst drohen Überbelastung und Trainingsfrust.

Das wettkampfspezifische Ausdauertraining

Das wettkampfspezifische Ausdauertraining (WSA) gehört in den Bereich des Leistungssports. Es sollte nur von ausdauersporterfahrenen und versierten Skatern angewendet werden, die auch bei hohem Tempo sicher ausweichen und bremsen können.

Selbst als ambitionierter Fitnessskater sollten Sie sich nicht zu schnell verleiten lassen, in diese Belastungsbereiche mit hoher bis sehr hoher Intensität (> 90 % von HFmax, Laktat > 6 mmol/l) vorzudringen.

Durch gutes Techniktraining erreichen Sie mehr und verbessern vor allen Dingen auch die Koordination zwischen den einzelnen Muskelgruppen, was zur Ökonomisierung beiträgt.

Beim WSA werden die intensive Intervall-, die Wiederholungs- und die Wettkampfmethode angewandt. Die Dauer des Trainings in diesem Bereich liegt zwischen 10 und 30 Minuten.

Das regenerative und kompensatorische Training

Das regenerative und kompensatorische Training (Rekom-Training) ist eine aktive Erholung nach Tagen mit hoher Belastung oder Wettkämpfen. Es ist äußerst wichtig, um Verletzungen oder ein Übertraining zu vermeiden und die Leistungsbereitschaft des Körpers wieder herzustellen. Man absolviert es mit niedriger Intensität (60–70 % von HFmax, Laktat < 2 mmol/l) und geringem Umfang (unter 45 Minuten Dauer). Es findet als ruhige »Spazierfahrt« oder durch lockeres Traben oder Radfahren statt und sollte durch Maßnahmen wie Stretching, Sauna oder Massagen begleitet werden.

Relaxtes Rollen nach großer Belastung ist wichtig für den Trainingserfolg.

Unterschiedliche Methoden des Ausdauertrainings

Die Dauermethode

Diese Methode ist einfach charakterisiert als ein Skaten mit nahezu konstanter Pulsfrequenz. Das bedeutet zumeist auch Skaten in gleich bleibendem Tempo.

Gegen Ende des Trainings oder in Anstiegen muss das Tempo gedrosselt werden, wenn eine konstante Belastungsintensität eingehalten werden soll. Dabei ist ein leichtes Ansteigen der Herzfrequenz um ca. fünf Schläge pro Minute im letzten Trainingsviertel jedoch völlig unbedenklich.

Die Fahrtspielmethode

Bei dieser Methode wird das Tempo um den Zielbereich herum variiert. Dies geschieht nicht in festgelegten Intervallen, sondern das Tempo passt sich spielerisch dem Gelände oder dem subjektiven Befinden an.

Die Schweden nennen das fartlek, was genau übersetzt Tempospiel bedeutet. Die Methode ist vor allen Dingen dazu geeignet, die Monotonie des Ausdauertrainings im GA-1-Bereich zu durchbrechen und Anfänger auf das Training im GA-2-Bereich vorzubereiten. Hervorragend lässt sich dies in einer Trainingsgruppe organisieren. Während einer Fahrt im Bereich des GA-1-Tempos übernehmen unterschiedliche Fahrer die Führung und ziehen gelegentlich das Tempo an. Auch das Gelände kann beim Intensitätswechsel helfen. Kleine Anstiege, rauer Asphalt oder Gegenwind auf Teilstrecken können zu höheren Pulswerten führen. Wichtig: Nach einer Tempoverschärfung (der Puls geht hoch) unbedingt wieder eine Phase in ruhigerem Tempo mit niedriger Pulsfrequenz einfügen. Echte Sprints sollten vermieden werden, da die Intensität dann zu hoch wird.

Ist effektiv und macht Spaß: Training in der Gruppe.

Die wechselhafte Dauermethode

Vom Fahrtspiel unterscheidet sich diese Methode im Wesentlichen nur dadurch, dass sowohl die jeweilige Dauer höherer und geringerer Belastung als auch die Anzahl der Wechsel festgelegt ist. Das bedeutet, dass nach dem Warmskaten beispielsweise zehn Minuten im GA-2-Tempo, anschließend eine Viertelstunde im GA-1-Tempo geskatet wird, danach wieder zehn Minuten schneller, erneut 15 Minuten langsamer usw.

Perfektes Fitnesstraining auf Skates

Das WSA (wettkampfspezifisches Ausdauertraining) verlangt einige Erfahrung und sichere Skatingtechniken. Es gehört in den Bereich des Leistungssports und ist nichts für den »Hausgebrauch« des Fitnessskaters.

Das extensive Intervalltraining

Hier werden Belastungsphasen von aktiven Pausen unterbrochen. Unter einer aktiven Pause versteht man entspanntes Skaten, bei dem der Puls bis auf ca. 120 Schläge sinkt. Die Pausendauer beträgt ca. drei Minuten. Sinkt der Puls in dieser Zeit nicht weit genug ab, war die Belastung im vorherigen Intervall zu hoch. Also: Tempo rausnehmen! Die Belastungsdauer im Intervall beträgt zwischen drei und fünf Minuten.

Die WSA-Trainingsmethoden

Die Methoden des WSA sollten nur unter Aufsicht von Trainern oder mit sehr erfahrenen Trainingspartnern zur Anwendung kommen:

● *Intensives Intervalltraining:* Die Belastungsintensität ist höher, die Belastungsdauer kürzer als beim extensiven Intervalltraining. D. h.: Kurze Sprints und dreiminütige aktive Pausen wechseln einander ab. Auch hier sinkt der Puls in den Pausen auf 120 bis 130 Schläge ab.

● *Wiederholungsmethode:* Strecken, die wesentlich kürzer als die Wettkampfdistanz sind, werden mit Fullspeed geskatet. Darauf folgt eine längere aktive Pause, in welcher der Puls auf unter 100 Schläge pro Minute sinkt. Je nach Belastungsdauer und Trainingszustand werden drei bis zehn Wiederholungen durchgeführt.

● *Wettkampfmethode:* Vor dem angestrebten Rennen werden kürzere Rennen oder Trainingsrennen durchgeführt. Neben der konditionellen Ausbelastung werden auch Taktik und Nervenstärke geschult. Aber: Rennen bergen immer ein erhöhtes Verletzungsrisiko!

Windschattenfahren: vorne powern – hinten relaxt mitrollen.

Überblick – Trainingsbereiche und -methoden

Name	Ziel	Intensität	Dauer	Methode
Rekom	Wiederherstellung	60–70 % von HFmax, Laktat < 2 mmol/l	< 45 Minuten	Dauermethode
GA 1	Fettverbrennung, Erhöhung der aeroben Kapazität	70–85 % von HFmax, Laktat < 2,5 mmol/l	> 45 Minuten	Dauermethode, Fahrtspiel
GA 2	Erhöhung der anaeroben Schwelle, Vergrößerung der Glykogenspeicher	80–90 % von HFmax, Laktat 3–6 mmol/l	20–50 Minuten	Fahrtspiel, wechselhafte Dauermethode, extensives Intervalltraining
WSA	Erhöhung der Laktattoleranz, längeres Aufrechterhalten der Spitzengeschwindigkeit	90–100 % von HFmax, Laktat > 6 mmol/l	10–30 Minuten	Intensives Intervalltraining, Wiederholungsmethode, Wettkampfmethode

Optimale Trainingsplanung

Im folgenden Abschnitt stellen wir Ihnen drei Trainingspläne mit unterschiedlichen Zielen vor. Die Trainingsplanung und -steuerung mit Hilfe der Herzfrequenz macht erst Sinn, wenn Ihre Technik so weit gefestigt ist, dass sich während eines 45-minütigen Skatelaufs mit niedrigem Tempo die Herzfrequenz auf einen recht konstanten Wert einpendelt. Dieser sollte im unteren Frequenzbereich des GA 1 liegen.

Bei Erkrankungen muss das Training auf jeden Fall unterbrochen werden. Danach müssen Sie auf einer niedrigeren als der zuletzt erreichten Stufe wieder einsteigen.

Leichte Modifikationen der Pläne in Abstimmung auf z. B. Ihre berufliche Situation, andere Freizeitgewohnheiten etc. sind möglich. Beachten Sie aber die Grundregeln für die Abfolge der Einheiten.

Zu den typischen Anfängerfehlern bei der Trainingsplanung gehören zu hoch gesteckte Ziele, Überbelastung, zu häufiges oder zu seltenes Training.

Abwechslung muss sein

Sportliche »Monokulturen« tun nie gut! Auch für Skater gilt: Die Mischung macht's!

Kein ambitionierter Speedskater kommt ohne ein »Trocken«-programm aus! Wie in jeder anderen Sportart gehört für das Überstehen eines Marathons in neuer Bestzeit neben einem gut geplanten Training ein Mindestprogramm an Stretching, Kräftigungsübungen und gelegentlichen anderen Ausdauersportarten (Laufen, Radfahren) dazu.

Beginnen Sie alle Einheiten mit dem Stretchingprogramm (siehe dazu Seite 35ff.). Danach fahren Sie sich in einem sehr ruhigen Tempo ca. zehn Minuten ein und führen einige Koordinationsübungen (siehe Seite 93f., Koordinationsschulung) durch. Erst dann beginnt das Pensum der Pläne. Schließen Sie jede Einheit wiederum mit Ausrollen (ca. zehn Minuten) und Stretchingübungen ab.

So bekommen Sie Ihr Fett weg

Weniger wirkt mehr! Für ein Ankurbeln der Fettverbrennung ist es wichtig, dass Sie keinesfalls zu schnell laufen. In der Regel fühlen Sie sich bei diesem Training leicht unterfordert. Halten Sie die untere Grenze der Belastungsintensität ein.

Hier finden Sie ein Beispiel für ein vierwöchiges Trainingsprogramm mit jeweils vier »aktiven« Wochentagen.

Trainingstabelle Fatburning

Woche	Dienstag	Donnerstag	Samstag	Sonntag
1	0:45 h Dauerskaten GA 1	0:45 h Dauerskaten GA 1	Techniktraining und Spiele auf Skates 60–90 min	1:00 h Dauerskaten GA 1
2	0:45 h Dauerskaten GA 1	0:45 h Dauerskaten GA 1	Techniktraining und Spiele auf Skates 60–90 min	1:15 h Dauerskaten oder Fahrradtour GA 1
3	1:00 h Dauerskaten GA 1	1:15 h Dauerskaten GA 1	Techniktraining und Spiele auf Skates 60–90 min	1:30 h Dauerskaten oder Fahrradtour GA 1
4	1:00 h Dauerskaten GA 1	1:00 h Dauerskaten GA 1	Techniktraining und Spiele auf Skates 60–90 min	2:00 h Dauerskaten GA 1

41 Kilometer auf Rollen

Skaten ohne Ende – das Marathontraining

Die angepeilten Endzeiten im Marathonrennen sind als Richtzeiten zu verstehen. Abhängig von Streckenprofil und Wettereinflüssen ergeben sich teilweise erhebliche Abweichungen (zehn Minuten und noch mehr). So verhindern beispielsweise regennasse Straßen einen kraftvollen Abstoß, Gegenwind zehrt an den Kräften, Anstiege oder rauer Asphalt erschweren das Gleiten. Fast alle Marathonwettbewerbe finden morgens statt. Trainieren Sie daher in den letzten vier Wochen vor dem Rennen ebenfalls morgens. An den Wochenenden lässt sich dies eigentlich gut realisieren.

Halten Sie bei der Vorbereitung auf einen Wettkampf unbedingt Ruhetage ein. Zusätzliche Dehnübungen sind dann allerdings sehr sinnvoll.

Vorbereitung mit System

Sie finden auf den nächsten Seiten komplette Trainingspläne über acht Wochen für zwei verschiedene Formen des Marathons:

- *Marathon in zwei Stunden:* Wenn Sie einigermaßen sportlich sind und über eine gute Lauftechnik verfügen, ist dies ein realistisches Ziel. Sie sollten dazu auch in einer dicht gedrängten Gruppe sicher skaten können.
- *Marathon in 90 Minuten:* Die 90 Minuten sind so eine Art Schallgrenze des Marathonskatens. Wenn Sie schon einige Rennen über mindestens die halbe Distanz geskatet sind und durch regelmäßiges Ausdauertraining eine Basis gelegt haben, können Sie sich trauen. Ihre Skatetechnik sollte sehr gut entwickelt sein, damit Sie entsprechend ökonomisch skaten können. Ein Fünfroller ist hierbei ein Muss!

Voll im Trend: Der Andrang bei Marathonveranstaltungen für Skater wird immer größer.

Marathon in 120 Minuten

Woche	Montag	Dienstag	Mittwoch
1	Kurzes Dehnprogramm (15 Min.)	0:20 h Dauerskaten im Wohlfühltempo	*Kein Training*
2	Kurzes Dehnprogramm (15 Min.)	0:30 h Dauerskaten im Wohlfühltempo	*Kein Training*
3	Kurzes Dehnprogramm (15 Min.)	0:45 h Dauerskaten GA 1	*Kein Training*
4	Kurzes Dehnprogramm (15 Min.)	*Kein Training*	0:30 h Dauerskaten GA 1
5	*Kein Training*	0:30 h Fahrtspiel GA 1	0:45 h Fahrtspiel GA 1 bzw. 2
6	Kurzes Dehnprogramm (15 Min.)	0:45 h Fahrtspiel GA 1/2	0:45 h Dauerskaten GA 1
7	*Kein Training*	Techniktraining und Spiele auf Skates, 60–90 Min.	2 x 8 Min. GA 2, 3 x 10 Min. GA 1, wechselhafte Dauermethode
8	0:30 h Rekom	*Kein Training*	0:45 h Fahrtspiel GA 1

Marathon in 120 Minuten

Donnerstag	Freitag	Samstag	Sonntag
Kurzes Dehnprogramm (15 Min.)	*Kein Training*	Techniktraining und Spiele auf Skates, 60–90 Min.	0:30 h Dauerskaten im Wohlfühltempo
Kurzes Dehnprogramm (15 Min.)	*Kein Training*	0:45 h Dauerskaten GA 1	3 x 10 Min. Jogging mit 5 Min. Gehpausen
Kurzes Dehnprogramm (15 Min.)	*Kein Training*	0:45 h Fahrtspiel GA 1	1:00 h flotte Fahrradtour GA 1
Kurzes Dehnprogramm (15 Min.)	0:30 h Dauerskaten GA 1	*Kein Training*	0:45 h Dauerskaten GA 1
Kurzes Dehnprogramm (15 Min.)	*Kein Training*	0:45 h Dauerskaten GA 1	1:00 h Dauerskaten GA 1
Kein Training	Techniktraining und Spiele auf Skates, 60–90 Min.	1:00 h Fahrtspiel GA 1	1:30 h Dauerskaten GA 1
1:00 h Dauerskaten GA 1	Kurzes Dehnprogramm (15 Min.)	0:45 h Fahrtspiel GA 1 bzw. 2	2:00 h Dauerskaten GA 1
0:30 h Dauerskaten GA 1	Kurzes Dehnprogramm (15 Min.)	0:30 h Rekom inklusive kurzer Steigerungen	**Marathon**

| \multicolumn{4}{c}{**Marathon in 90 Minuten**} |
Woche	Montag	Dienstag	Mittwoch
1	Kurzes Dehnprogramm (15 Min.)	0:45 h Dauerskaten GA 1	Kurzes Dehnprogramm (15 Min.)
2	Kurzes Dehnprogramm (15 Min.)	1:00 h Dauerskaten GA 1	Kurzes Dehnprogramm (15 Min.)
3	Kurzes Dehnprogramm (15 Min.)	1:00 h Dauerskaten GA 1	0:45 h Jogging oder 1:30 h Biken GA 1
4	Kurzes Dehnprogramm (15 Min.)	*Kein Training*	1:00 h Dauerskaten GA 1
5	Kurzes Dehnprogramm (15 Min.)	0:45 h Fahrtspiel GA 1 inklusive Kraftübungen	0:45 h Jogging oder 1:30 h Biken GA 1
6	0:30 h Rekom	3 x 10 Min. GA 2, 2 x 15 Min. GA 1, wechselhafte Dauermethode	1:00 h Dauerskaten GA 1
7	0:30 h Rekom	0:45 h GA 1 plus 8 x 3 Min. extensive Intervalle GA 2	1:00 h Jogging oder 1:30 h Biken GA 1
8	0:30 h Rekom	0:30 h Dauerskaten GA 1 inklusive Kraftübungen	1:00 h Fahrtspiel GA 1 bzw. 2

Pläne für die schnelle Nummer

Marathon in 90 Minuten

Donnerstag	Freitag	Samstag	Sonntag
0:30 h Jogging oder 1:00 h Biken GA 1	Kurzes Dehnprogramm (15 Min.)	1:00 h Dauerskaten GA 1	0:30 h Jogging GA 1
0:30 h Jogging oder 1:00 h Biken GA 1	Kurzes Dehnprogramm (15 Min.)	1:00 h Dauerskaten GA 1	1:15 h Dauerskaten GA 1
Kurzes Dehnprogramm (15 Min.)	Techniktraining und Spiele auf Skates, 60–90 Min.	1:00 h Fahrtspiel GA 1	1:30 h Dauerskaten GA 1
Kurzes Dehnprogramm (15 Min.)	1:00 h Dauerskaten GA 1	*Kein Training*	1:00 h Dauerskaten GA 1
Kurzes Dehnprogramm (15 Min.)	Techniktraining und Spiele, 60–90 Min. plus Kraftübungen	1:00 h Fahrtspiel GA 1 bzw. 2	1:30 h Dauerskaten GA 1 inklusive Kraftübungen
1:00 h Fahrtspiel GA 1 inklusive Kraftübungen	*Kein Training*	0:45 h Jogging GA 1	1:45 h Dauerskaten GA 1 inklusive Kraftübungen
Kein Training	1:00 h Dauerskaten GA 1, inklusive Kraftübungen	1:00 h Fahrtspiel GA 1 bzw. 2	2:00 h Dauerskaten GA 1
0:30 h Rekom	Kurzes Dehnprogramm (15 Min.)	0:30 h Rekom plus kurze Steigerung (keine Sprints)	**Marathon**

Perfektes Fitnesstraining auf Skates

Das ideale Timing fürs Rennen

In der Woche vorher

Wenn Sie zum Wettkampfort reisen müssen: Planen Sie unbedingt genügend Zeit für die Fahrt ein!

Wenn möglich, radeln Sie die Rennstrecke ab, und schauen Sie nach engen Kurven, Gefälle, Schienen etc. Die Woche verläuft ruhig, was das Training betrifft.

- *Am Sonntag vor dem Rennen:* lange ruhige Fahrt auf Skates
- *Montag:* halbstündige, sehr entspannte Spazierfahrt und ausgiebiges Stretching
- *Dienstag:* ruhiges Dauerskaten (30 bis 45 Minuten); Marathonneulinge machen einen Ruhetag
- *Mittwoch (vier Tage vor dem Rennen):* letzte etwas anstrengendere Einheit. Am besten ca. 45 Minuten im abwechslungsreichen Gelände skaten. Nicht zu scharfes Tempo wählen
- *Donnerstag:* ganz entspannte halbstündige Spazierfahrt
- *Freitag:* Ruhetag, gegebenenfalls Anreise.

Auf das Rennen sollten Sie sich auch mit Stretching vorbereiten. Näheres dazu finden Sie auf Seite 35ff.

Am Tag vor dem Rennen

Zum Frühstück skaten Sie eine halbe Stunde spazieren – mit kleinen Steigerungen. Tagsüber holen Sie die Startunterlagen für das Rennen ab. Sehen Sie sich um, wo der Startsektor ist. Wo befinden sich Toiletten und Umkleidekabinen? Abends nicht zu spät essen; ideal sind Nudeln ohne fettige Saucen. Rechtzeitig schlafen gehen.

Am Renntag

Rechtzeitig aufstehen, leichtes Frühstück (wie gewöhnlich, aber keine hart gekochten Eier etc., wenig Kaffee). Trinken Sie ausreichend Mineralwasser oder Saftschorle.

So kommen Sie gut vom Start weg

- *Aufwärmen:* Etwas eintraben zu Fuß, Stretchingübungen und vor allen Dingen einrollen. Durch das Einrollen vor dem Start werden die Lager der Skates auf Temperatur gebracht und Ihre Muskulatur eingestimmt.

Der Startschuss fällt

● *Kurz vor dem Start:* Versuchen Sie, sich in der Nähe Ihrer Trainingspartner aufzustellen, damit Sie nach dem Start schnell eine Gruppe bilden können. Reihen Sie sich nicht zu weit vorne ein, sonst geraten Sie nach dem Start leicht in hektisches Gedränge durch nachfolgende, schnellere Läufer.

Jetzt geht's los

● *Start:* Halten Sie sich aus Rangeleien und Gedränge heraus. Kalkulieren Sie ein, dass ein Skater in der Startphase durch weit ausladende Bewegungen viel Raum einnimmt. Bewahren Sie selbst einen kühlen Kopf, und skaten Sie mit kleineren Schritten los.

● *Nach dem Start:* Versuchen Sie, mit Ihrer Gruppe in eine gute Reihe zu kommen. Ist Ihre Gruppe sehr klein, oder sind Sie allein unterwegs, schauen Sie, ob Sie eine passende Gruppe finden. Nehmen Sie Blickkontakt zu anderen Läufern oder einer Gruppe auf, und signalisieren Sie, dass Sie sich anschließen möchten.

● *In der Gruppe:* Der Vorteil des Fahrens in einer Gruppe besteht im Ausnutzen des Windschattens der Vorderleute. Von diesem Vorteil profitieren alle nur dann, wenn sich jeder an der Führungsarbeit beteiligt und die Abstände gering gehalten werden.

Angst vor der eigenen Courage? Ganz ohne Nervosität geht es nicht, denn sie weckt u. a. den Kampfgeist. Wenn Sie sich gut vorbereitet haben, werden Sie im Normalfall auch den Erfolg haben, der Ihnen zusteht.

Der Mühen möglicher Lohn: Medaillen für die Finisher.

Härtere Rollen (ab 82 A) verringern den Rollwiderstand und erhöhen das Tempo. Nachteil: ein raueres Fahrgefühl. Weichere Rollen (bis 78 A) bieten mehr Skatekomfort, nutzen sich aber auch schneller ab.

Wissenswertes über Speedrollen

- Wichtig bei den Rollen ist die optimale Abstimmung aus Härte und Grip. Bei Regen, schmutziger Straße oder schlechtem Belag sind weiche Rollen besser. Ähnliches gilt für einen sehr verwinkelten und technisch anspruchsvollen Kurs. Ist die gewählte Strecke dagegen weitgehend gerade, mit lang gezogenen Kurven und gutem Asphalt, sind recht harte Rollen vorteilhaft.

- Auch das Körpergewicht und die Technik haben Einfluss auf die Auswahl: Schwere Fahrer benötigen härtere Rollen, und auch technisch versierte Fahrer, die sich sehr gefühlvoll abstoßen, verwenden härtere Rollen, um den Rollwiderstand minimal zu halten.

- Die vorderste Rolle wird am stärksten abgerieben – besonders wenn der Körperschwerpunkt wie bei Speedanfängern häufig noch zu weit vorne liegt und am Ende des Abstoßes nur die erste Rolle Bodenkontakt hat. Weit verbreitet ist es daher, vorne und auch hinten eine härtere Rolle zu nehmen.

- Starten Sie nicht mit ganz neuen Rollen in ein Rennen! Fahren Sie sie vorher ein, und rauen Sie die Oberfläche etwas auf.

- Übrigens: Läufer, die ohne Helm trainieren, sollten in den letzten Wochen vor einem Rennen regelmäßig mit Helm fahren, um sich daran zu gewöhnen. Am besten ist ein gut belüfteter, leichter Fahrradhelm.

So halten Sie durch

- *Während des Rennens:* Trinken Sie in kleinen Portionen etwa alle 20 Minuten. Am besten haben Sie eine Trinkflasche mit Wasser am Gürtel dabei. Suchen Sie für Ihre Trinkpause einen geeigneten Streckenabschnitt, der übersichtlich und gerade ist. Ideal ist ein leicht abfallendes Gelände ohne Kurven, so dass Sie entspannt dahinrollen können. Je länger Sie für das Rennen benötigen, umso wichtiger ist das regelmäßige Trinken.

Geschafft!

- *Endphase:* Sind Sie noch in einer Gruppe gleichmäßiger Läufer? Gut! Wenn nicht, schließen Sie sich mit anderen zusammen. Wenn Sie nicht unbedingt auf Rekordjagd sind, vermeiden Sie einen Schlusssprint. Gerade jetzt in der Endphase des Marathonlaufs ist das Sturzrisiko sehr hoch, und die ermüdete Muskulatur neigt viel leichter zu Zerrungen als im ausgeruhten Zustand.
- *Ziel:* Achten Sie auf den Auslauf nach dem Ziel. Suchen Sie sich vorausschauend Ihren Weg durch herumstehende Skater und Helfer.

Die Regenerationsphase

- *Nach dem Rennen:* Bleiben Sie leicht in Bewegung, und rollen Sie etwa zehn Minuten lang aus. Ziehen Sie eine leichte Jacke über und/oder ein trockenes T-Shirt. Schlüpfen Sie in Ihre Sportschuhe, und traben Sie – bei trockenem Wetter und geeignetem Boden auch barfuß – etwas, bevor Sie einige Stretchingübungen durchführen. Wenn Massagen angeboten werden – nutzen Sie die Chance. Ihre Muskulatur wird es Ihnen danken.
- *Am Abend:* Ein warmes Bad mit anschließendem Wechselduschen wirkt entspannend und trägt zur Muskeldurchblutung bei.
- *Die Woche danach:* Hören Sie nicht auf zu trainieren. Beschleunigen Sie die aktive Entspannung mit einem leichten Rekom-Training ein oder zwei Tage nach dem Rennen.

Im Ziel wird man für seine Mühen entlohnt – mit einem Hochgefühl und Gedanken wie: »Ich habe es geschafft! Ich war richtig gut!« Vielleicht sogar: »Ich war am schnellsten!«

Im Rausch der Geschwindigkeit: Wenn Sie sich optimal vorbereitet haben, kann ein Inlinerennen zu einem fantastischen Erlebnis werden.

Perfektes Fitnesstraining auf Skates

Bleiben Sie flüssig: Ob Sie nun spezielle Sportgetränke oder Apfelsaftschorle bevorzugen: Die Menge macht's!

Denken Sie daran, sich in der Vorbereitungsphase und natürlich auch unmittelbar vor einem Rennen sehr bewusst zu ernähren. Und: Ein voller Bauch rollt nicht gern!

Der richtige Magenfahrplan

Mit einem vollen Magen an den Start zu gehen, ist sicherlich keine gute Idee. Umgekehrt sollten Sie aber auch nicht hungrig in ein Rennen starten. Nehmen Sie etwa zwei Stunden vor dem Start eine kohlenhydrathaltige, aber fettarme Mahlzeit zu sich, z. B. ein Vollkornbrötchen mit Marmelade oder ein kleines Müsli mit frischen Früchten. Allerdings sollten Sie nicht zu viele Milchprodukte untermischen, da diese den Magen belasten. Auch wichtig: das Essen nicht in Massen in sich hineinschaufeln, sondern kleinere Mengen in aller Ruhe zu sich nehmen. Die besten Minisnacks kurz vor oder auch während eines Rennens sind Bananen (sie enthalten viele Kohlenhydrate) oder kleine Energieriegel. Aber: Bei einer Belastung von nur 90 Minuten Länge muss man nicht unbedingt während des Rennens Nahrung zu sich nehmen.

Noch wichtiger – die Getränke

Keinesfall darf das Trinken vernachlässigt werden: Ihr Flüssigkeitshaushalt sollte vor dem Start ausgeglichen sein; Sie dürfen also nie durstig losrollen. Achten Sie auch schon zwei Tage vor dem Start darauf, Ihren Kaffee- und Alkoholkonsum deutlich zu reduzieren oder ganz einzustellen. Denn Kaffee und Alkohol entziehen dem Körper Flüssigkeit.

Das sollten Sie vermeiden

Trinken Sie stattdessen ausreichend mineralhaltige Drinks, beispielsweise Mineralwasser mit einem hohen Magnesiumanteil oder Apfelsaftschorle. Auch Energiedrinks mit einem hohen Anteil an Kohlenhydraten sind meist gut verträglich. Während eines Rennens ist stilles Mineralwasser oft am bekömmlichsten; manche schwören auch auf zuckerhaltige isotonische Getränke. Probieren Sie selbst aus, was Ihnen am besten schmeckt und bekommt.

Was immer Sie auf der Strecke bevorzugen: Trinken Sie auf alle Fälle regelmäßig (ca. alle 20 Minuten) kleine Mengen (ca. 150 Milliliter) während des Rennens. Nach dem Zieldurchlauf oder auch einer langen Trainingseinheit kann es sinnvoll sein, Magnesium zu substituieren. Dadurch beugen Sie Muskelkater vor und beschleunigen die Regeneration der Muskulatur (Magnesium gibt es als Lutschtabletten oder als Pulver zum Auflösen im Wasser).

Links – die besten Online-Trainer
- www.speedskating.de/drsommer
- www.d-i-v.de/speed/trainings_plaene.html

Häufige Fehler im Rennen

Zu hohes Anfangstempo

Gerade Renneinsteiger lassen sich oft dazu verleiten, in der allgemeinen Starteuphorie ein zu hohes Anfangstempo einzuschlagen. Besinnen Sie sich auf Ihr individuelles Tempo. Sind Sie in einer Gruppe gelandet, die sehr unruhig fährt und bei der Sie nur mühsam Führungsarbeit leisten können, suchen Sie sich eine etwas langsamere Gruppe.

Solofahrten

Haben Sie Ihre Gruppe verloren, bleiben Sie nicht kilometerlang allein, um vielleicht wieder aufschließen zu können. Nehmen Sie lieber etwas Tempo weg, und schließen Sie sich einer nachfolgenden Gruppe an.

Neues Material

Verwenden Sie für ein Rennen niemals nagelneue Skates, Rollen oder Lager! Neue Skates sollten Sie schon vorher über viele Kilometer im Training einsetzen. Nur so können Sie Druckstellen oder Blasen sicher vermeiden. Ihre gewohnten Technikmuster müssen außerdem bei manchen neuen Skates angepasst werden, z. B. beim Umstieg von Vier- auf Fünfroller oder bei niedrigerer Schafthöhe. Dazu bedarf es ebenfalls einiger Trainingsstunden mit Technikübungen.

Was man auf Skates noch unternehmen kann

Inlineskating ist unglaublich vielseitig: Man kann sein tägliches Fitnesstraining auf Rollen absolvieren, an Mannschaftsspielen teilnehmen, die eigene Umgebung skatend erkunden oder sogar regelrecht »in Urlaub rollen« und mit Familie oder Freunden Spaß- und Erlebnistouren im In- und Ausland unternehmen.

Spielformen auf Skates machen nicht nur Spaß und verwandeln den Individualsport zu einem echten Teamerlebnis, sie sind auch die beste anwendungsorientierte Variante, um die Fahrtechnik zu verbessern. Schon Formen wie Fangspiele, Verfolgungsjagden oder Frisbee auf Skates erfordern bestimmte Techniken, ohne dass Sie sich auf die Bewegungsausführung konzentrieren.

Kommt jetzt noch ein Ball ins Spiel, sei es beim Hockey oder Basketball, wird die ganze Situation noch komplexer. Sie müssen nicht nur Ihre eigenen Aktionen im Verhältnis zum Ball koordinieren, Sie müssen außerdem den Gegner und die eigenen Mitspieler im Auge behalten. Da bleibt kaum noch Zeit, um die Technik mit der visuellen Wahrnehmung zu kontrollieren.

Die Folge: Sie führen Ihre Bewegungen unbewusst aus, d. h. automatisiert. Dadurch können Sie, wenn Sie wieder einmal nur Ihre Technik separat trainieren, viel leichter auf Bewegungsfeinheiten achten, die Ihnen vorher verborgen geblieben sind.

Ob mit Ball oder Schläger und Puck, ob Skitraining oder – ganz neu – Inlineaerobic, ob Wochenendtrip oder Ferien auf flotten Flitzern – es gibt unzählige Möglichkeiten, dem Skatespaß zu frönen.

Power für den Po – Workout auf Rollen

Geht es Ihnen auch so? Nichts ist langweiliger, als im Sommer bei strahlendem Sonnenschein in einem Fitnessstudio zu schwitzen und beim Aerobic die Pfunde schmelzen zu lassen. Schnappen Sie sich doch einfach Ihre Skates, und verlagern Sie die Aerobiceinheit ins Freie.

Nach dem Motto »Schont die Knochen, nicht die Kalorien« funktioniert das Workout auf den acht Rollen.

Gelenkschonendes Kombiprogramm

Der Hersteller Salomon hat mit sportwissenschaftlicher Unterstützung ein Training entwickelt, bei dem neben den Bein- und Rumpfmuskeln auch die Oberkörpermuskulatur mit eingebunden wird. Es kombiniert Aerobicelemente, zum Teil mit kleinen Hanteln, Skateschritte sowie Kraft- und Ausdauerübungen.

Das Gute am Skaten ist dabei die Gelenkfreundlichkeit. Während man beim Joggen bei jedem Schritt das Zwei- bis Dreifache des Körpergewichts abfangen muss, werden die Gelenke bei richtiger Skatetechnik wesentlich schonender belastet.

Fitness in vier Schritten

Voraussetzung für das hier vorgestellte Workout ist, dass Sie einigermaßen sicher fahren und bremsen können. Denn Sie sollten sich auf die Übungen konzentrieren und nicht damit beschäftigt sein, Ihr Gleichgewicht zu kontrollieren.

Das Workout lässt sich in eine gemütliche Tour einbinden, oder Sie suchen sich einen ruhigen Parkplatz oder eine freie Fläche, auf der Sie mit ein paar Freunden gemeinsam die Skatesession durchführen. Das Workout ist in vier Schritte aufgeteilt.

Los geht es mit dem Warm-up

Skaten Sie in lockerem Tempo zehn Minuten lang. Kommen Sie in Schwung, und gewöhnen Sie sich ans Rollen. Außerdem müssen Sie das Herz-Kreislauf-System auf Touren bringen, damit Sie loslegen können.

Beim Fatburning Pfunde lassen

Nach dem Aufwärmen können Sie 20 Minuten lang lospowern. Schrauben Sie das Tempo hoch, so dass Sie die Belastung als anstrengend empfinden (auf einer Viererskala wäre das Stufe zwei bis drei). Wenn Sie mit einem Pulsfrequenzgerät trainieren, sollte der Puls zwischen 70 und 85 Prozent der maximalen Herzfrequenz liegen. Wichtig ist dafür natürlich, dass Sie eine entsprechende Strecke haben, auf der nicht viel los ist. Danach wieder lockerer skaten, das Tempo drosseln und für ca. fünf Minuten leicht dahingleiten. Nun folgt Abschnitt drei.

Muskeln zeigen beim Bodyshaping

Nach der Ausdauer werden die Muskeln in Form gebracht – mit den folgenden sechs Übungen. Führen Sie jede Übung jeweils viermal 30 Sekunden lang durch, dazwischen 30 Sekunden Pause einlegen. Je nach Ihrem Fitnesslevel können Sie alles noch einmal wiederholen.

Bodyshaping auf Rollen

Armdreher
Nehmen Sie zwei leichte Hanteln (ein bis zwei Kilogramm), und heben Sie die Ellenbogen auf Kinnhöhe. Die Unterarme in kleinen Kreisen drehen. Nach drei bis sechs Umdrehungen erfolgt ein Wechseln der Drehrichtung.

Schon kleine, leichte Hanteln (ein Kilogramm) werden bei den richtigen Übungen zu echten Schwergewichten.

Bizeps-Curls
Nehmen Sie eine lockere, aufrechte Skateposition ein, die Ellenbogen sind seitlich auf Schulterhöhe. Nun die Arme seitlich strecken und wieder anwinkeln. Verwenden Sie die kleinen Hanteln aus der Übung »Armdreher«.

Bodyshaping auf Rollen

Butterfly
Aufrecht skaten, die Arme seitlich halten, die Ellenbogen sind auf Schulterhöhe, Unterarme im 90-Grad-Winkel abbiegen. Die Unterarme langsam vor dem Kopf zusammenführen und wieder öffnen.

Wenn Sie das Gefühl haben, dass ein Arm deutlich schwächer ist als der andere, sollten Sie den »Schlaffi« eine Zeit lang betonter trainieren.

Trizeps-Kicks
Skaten Sie mit vorgebeugtem Oberkörper, der Rücken bleibt dabei gerade. Die Oberarme sind waagerecht. Die Unterarme (mit Hanteln) nach hinten strecken und wieder beugen.

Bodyshaping auf Rollen

Beinstrecker
In die tiefe Skateposition gehen, das Gewicht über einem Skate konzentrieren. Mit den Händen auf dem angewinkelten Bein abstützen, mit dem anderen Bein abstoßen, bis es ganz gestreckt ist (zwei Minuten auf einem Bein, danach wechseln).

Wichtig bei allen Übungen: Führen Sie Ihre Bewegungen kontrolliert aus. Hektische Gewaltakte bringen nichts bzw. sind sogar schädlich.

Abfahrtshocke
In die Hocke gehen. Die Füße sind hüftbreit auseinander, die Arme angewinkelt, der Oberkörper stark vorgebeugt, der Po auf Kniehöhe. 30 Sekunden lang in der tiefen Hocke rollen (dreimal hintereinander ausführen, danach eine Minute Pause).

Kunsteisflächen im Sommer sind rar. Für Eishockeyfans kein Problem mehr: Wozu haben sie schließlich ihre Skates?

Cool-down zum Abschluss

Lassen Sie das Workout langsam ausklingen. Skaten Sie am Schluss mindestens noch zehn Minuten lang locker und entspannt, um die Pulsfrequenz und die Atmung wieder auf ein normales Niveau zu senken. Danach ziehen Sie die Skates aus und dehnen sich intensiv (siehe Stretchingprogramm auf Seite 35ff.).

Inlinehockey – immer auf Ballhöhe

Skaten ist mehr als T-Stop und Powerturn. Bei den Spielformen hat sich vor allem das Inlinehockey durchgesetzt. Das ist nicht weiter überraschend; schließlich ist die moderne Entwicklung des Inlinesports durch die Olsen-Brothers aus Minnesota ins Rollen gekommen. Die beiden Eishockeyfreaks wollten auch im Sommer ohne Eisflächen ihrem Hobby frönen und über den Asphalt gleiten – so werden neue Sportarten geboren.

Zum Material – Hockeyskates

Hockeyskate der Firma Tour.

Hockeyskates sehen aus wie Eishockeystiefel mit Rollen. Bessere Modelle haben eine sehr steife, leichte und kurze Aluschiene und einen stabilen Lederinnenschuh, der sich nach einiger Zeit perfekt dem Fuß anpasst. Die Skates werden geschnürt, um eine gute Passform zu garantieren. Schnallen würden zu leicht kaputtgehen oder aufspringen, wenn ein Puck oder Ball dagegen springt. Der Schaft ist niedrig, damit man die Fußgelenke beim Laufen leicht anwinkeln und strecken kann. Die Knöchel sind seitlich gut gepolstert, der Radstand sehr kurz, um wendig zu sein.

»Schlägern« Sie doch mal

Inlinehockey ist die Fortsetzung von Feld- und Hallenhockey und die Sommervariante von Eishockey.

Der Schläger als drittes Bein
Beim Inlinehockey kommen durch Schläger und Ball zwar zusätzliche Koordinationsanforderungen auf Sie zu, trotzdem ist diese Spielform nicht nur den Cracks vorbehalten. Denn: Der Schläger erweist sich in manchen Situationen als hilfreiches drittes Standbein.

Zudem benötigen Sie nicht viel Platz. Schon auf einem mittelgroßen, freien Parkplatz kann man viel Spaß auf den Skates haben und schnell aus der Puste kommen.

Zum Ausprobieren – ohne Körperkontakt
Wenn Sie Hockey mit ein paar Freunden einmal ausprobieren möchten, achten Sie auf folgende Dinge:
- Wärmen Sie sich intensiv auf. Beim Hockey gehören schnelle Drehungen, kurzes Abstoppen und plötzliches Ausweichen zum Spiel. Beziehen Sie diese Sachen schon ins Warm-up mit ein.
- Spielen Sie am Anfang ohne Körperkontakt. Oft fehlt es bei den ersten Versuchen an den richtigen Protektoren. Vereinbaren Sie deshalb eine körperkontaktlose Spielweise. Nur wenn Sie Schützer wie beim Eishockey haben (gepolsterte Hose, Schulter- und Brustpanzer, stabile Handschuhe, Schienbein- und Ellenbogenschoner, Helm mit Gesichtsschutz), ist daran zu denken, mit Körperkontakt zu spielen. Aber erst einmal gilt: Anfassen verboten!

Zunächst wirkt der Schläger eher hinderlich; er wird aber schnell zur zusätzlichen »Stütze« beim Skaten.

Varianten auf acht Rollen

No Bodychecking! Dann können Sie Hockey in Ihrer normalen Ausrüstung und mit Helm spielen.

- Spielen Sie mit Bällen, und halten Sie diese flach. Es gibt weiche und harte Bälle zu kaufen. Eindeutiger Vorteil der weicheren Bälle: Es bleiben mehr Zähne im Mund und weniger blaue Flecken an den Schienbeinen zurück.
- Verzichten Sie auf Stockgefechte, sonst können Sie weniger versierte Spieler leicht von den Beinen holen. Grundregel: Der Stock bleibt immer am Boden. Der Schläger sollte Ihnen übrigens aufgestellt bis zum Kinn reichen.
- Als Torpfosten reichen am Anfang zwei Schuhe. Richtige Tore aus Metallrohren verleiten zu hohen Schüssen und stellen außerdem ein sehr schmerzhaftes Hindernis dar.

Der Reiz von Hockey: temporeiche Kombination von Geschicklichkeit und Taktik, von Kampfgeist und Spielfreude.

Spielen in der Mannschaft

Wer richtig Spaß gewonnen hat an der Jagd nach dem Ball, sollte sich einer Hockeymannschaft anschließen. Die Turniere oder Veranstaltungen vom Inlinestreethockey beziehen sich auf Hobbymannschaften. Es wird mit einem Ball und ohne Körperkontakt gespielt. Die Spielfeldmaße sind nicht starr vorgegeben.

Inlineskaterhockey

Beim Inlineskaterhockey – vom ISHD initiiert – gibt es einen bundesweiten Spielbetrieb, der auf Landesebene Ligen in unterschiedlichen Altersklassen organisiert. Gespielt wird mit einem Ball, Körperkontakt ist erlaubt. Es spielen ungefähr 250 Vereine und 450 Mannschaften mit insgesamt ca. 6000 Mitgliedern Skaterhockey.

Inlinehockey

Inlinehockey ist sozusagen die Bundesliga der Skateszene und wird im Sommer in den Eisstadien gespielt. Das Spiel ist stark an die Eishockeyregeln angelehnt; allerdings ist Körperkontakt verboten. Gespielt wird mit einem Rollpuck. Verbände hierfür sind der Deutsche Inline Hockey Verband (DIHB) oder auch der DRIVe (Deutscher Rollsport und Inline Verband e.V.).

Alles geregelt

Bestimmungen für Freizeitturniere des D.I.V.

Die Spielfeldmaße
- *Mindestgröße:* 10 m x 20 m
- *Maximal:* 20 m x 40 m
- *Empfohlene Spielfeldgröße:* 15 m x 30 m bis 20 m x 40 m

Mittellinie und Torlinien sind durch eine zwei Zentimeter breite Linie gekennzeichnet, zusätzlich müssen vier Bullypunkte und ein Anstoßpunkt markiert werden. Vor den Toren ist ein Torraum festzulegen, in dem sich kein Feldspieler aufhalten darf.

Die äußere Spielfeldumrandung muss aus einer Bande bestehen. Diese Bande darf nicht niedriger als 20 Zentimeter sein. Sie muss auf der dem Spielfeld zugewandten Seiten glatt sein und darf keine Gefahr für die Spieler darstellen.

Die Tore
- Die Torgröße für Spiele mit Torhüter sollte 1,80 Meter Breite, 1,20 Meter Höhe, 50 Zentimeter Tiefe (Pro Series Tor) bzw. 1,83 x 1,22 x 0,50 Meter (Eishockeytor) betragen.
- Zwischen dem Tor und der dahinter liegenden Bande muss eine Durchfahrt von mindestens 1,20 Meter frei bleiben.

Der D.I.V. startete 1998 mit einem eigenen bundesweiten Amateurligabetrieb. Aufgeteilt in Landes- und Regionalligen und gestaffelt in fünf Altersklassen, kämpfen die Mannschaften um die Führung in den einzelnen Gruppen.

Jetzt aber auf die Rollen und an den Ball – das ist Spaß pur!

Varianten auf acht Rollen

Die Spielregeln für Hockey-Freizeitturniere

- Erstens: Der Spielbeginn erfolgt jeweils durch Einwurf am Anstoßpunkt vom Schiedsrichter, ebenso nach der Halbzeit oder bei einer möglichen Verlängerung.

- Zweitens – Spieldauer bei Turnieren (als Empfehlung zu verstehen): mindestens 2 x 8 Minuten, maximal 2 x 12 Minuten (durchlaufend). Für die D. I. V.-Inline-Streethockey-Liga: 2 x 15 Minuten gestoppte Zeit, Halbzeitpausenlänge maximal 5 Minuten.

- Drittens – zur Punkteverteilung: Für einen Sieg gibt es 3 Punkte, für Unentschieden 1 Punkt, für eine Niederlage 0 Punkte.

- Viertens – zum Einwurf (dem so genannten Bully): Verlässt der Ball das Spielfeld, wird das Hockeyspiel mit einem Bully dort fortgesetzt, wo der Ball zuletzt von einem Spieler berührt wurde. Der Schiedsrichter kann den dieser Stelle am nächsten gelegenen Bullypunkt wählen.

- Fünftens: Tore können ausschließlich auf der direkten Linie Spieler – Tor (also ohne Bande) und auch nur mit dem Schläger erzielt werden (einzige Ausnahme hierbei sind durch die verteidigende Mannschaft abgefälschte Schüsse oder Eigentore eines Teams).

Wenn Sie häufiger Hockey spielen, lohnt sich die Anschaffung von speziellen Eishockey- bzw. Inlinehockeyhandschuhen – für noch besseren Schutz.

Die Pflichtausrüstung

Die Ausrüstung für Inlinehockey besteht aus:
- Inlineskates
- Schläger
- Helm
- Ellenbogen-, Knie- und Handschutz

Schulter- und Beinschützer, Handschuhe und gepolsterte Hosen sind zugelassen. Kinder und Jugendliche unter 18 Jahre müssen zusätzlich einen Gesichtsschutz (Gitter oder Kunststoffscheibe) tragen.

Der Ball
Bei den Freizeitturnieren wird nur mit Ball gespielt. Dieser soll aus nachgebendem Material gefertigt sein. Die vorgeschriebenen Maße:
- *Durchmesser:* 6,35–7 cm
- *Gewicht:* maximal 85 g

Die Mannschaften
Eine Mannschaft besteht aus drei Feldspielern und einem Torwart. Eine Höchstgrenze an gemeldeten Spielern pro Team besteht nicht. Spielerwechsel ist jederzeit möglich.

Strafe muss sein
- *Zeitstrafe von zwei Minuten:* Absichtlicher, aus der Spielsituation vermeidbarer Körperkontakt; unnötige Härte; Festhalten, Ellenbogen- und Kniestöße (Checks); hoher Schläger; Behinderung; absichtliche Spielverzögerung; Stockschlagen; Haken; Beinstellen; Beschimpfungen; unerlaubter Aufenthalt im Torraum; Behinderung des gegnerischen Torwarts im Torraum; Reklamieren gegen Schiedsrichterentscheidungen durch andere Spieler als den Mannschaftsführer; Betreten des Spielfelds bei Auseinandersetzungen
- *Strafschuss (Penalty):* Wird ein Spieler unfair am Torschuss gehindert, z. B. durch Foul oder Schlägerwurf, erfolgt ein Strafschuss. Er wird von der Mittellinie auf das Tor ausgeführt.

Inlinebasketball – nur entfernt mit dem Original verwandt

Basketball entwickelt auf den Rollen neue Reize. In den USA haben sich schon einige Ligen für Inlinebasketball formiert, und auch in Deutschland wird diese Spielform in Skateschulen verstärkt angeboten.

Inlinebasketball ist nach der Erfahrung vieler Skater das beste Einstiegsspiel auf den Rollen überhaupt, weil es Fahrgeschick und vorausschauendes Handeln besonders gut trainiert.

Auf acht Rollen ist manches anders
Da die Laufwege beim Basketball auf Skates schneller sind, muss das Dribbeln und Passen darauf abgestimmt werden. Im Gegensatz zum »bodenständigen« Basketballspiel ohne Skates müssen Sie noch ein paar Dinge beachten:

Varianten auf acht Rollen

Links – die besten Seiten für Puckjäger und Korbleger
• www.unisport.tu-bs.de
• www.nibbl.com
• www.d-i-v.de
• www.ishd.de
• www.inline-online.de/rollkommando

● Wenig Dribblings! Damit auch wirklich ein Spiel zustande kommt, vermeiden Sie Dribblings. Noch schlimmer ist es, wenn ein Mitspieler sich einfach den Ball schnappt und direkt zum anderen Korb fährt. Also entweder alle zwei Meter dribbeln oder direktes Passen vereinbaren.

● Und wenn Sie dribbeln, trainieren Sie dies vorher. Durch die höhere Geschwindigkeit verändert sich auch die Technik. Der Ball hat mehr Vortrieb und kommt stärker ins Rotieren; Sie müssen dies durch eine sehr feinfühlige Handarbeit auffangen.

● Keine Sprünge! Unter dem Korb gehören beim normalen Basketball Sprünge zum Spiel. Das sollten Sie auf Skates lieber vermeiden, wenn Sie sich nicht vorsätzlich einen Bänderriss zuziehen möchten. Die Landefläche auf den Rollen ist viel zu klein, und außerdem kann sich sehr leicht ein gegnerischer Skate unter den Ihren mogeln.

Auf Sicherheit spielen

Beachten Sie unbedingt das Tempo! Auf den Skates sind Sie natürlich viel schneller unterwegs als zu Fuß. Solange Sie auf keinen Gegenspieler treffen, ist das in Ordnung. Doch ein Zusammenstoß ist um ein Vielfaches härter als bei der traditionellen Variante. Also unbedingt auf körperkontaktloses Spiel achten.

● Anfangs sollten keine (harten) Pässe über Brusthöhe gespielt werden. Unsichere Mitspieler verlieren sonst beim Fangen solcher »Kanonenkugeln« leicht das Gleichgewicht.

Die mit dem Ball tanzen: Basketball auf Rollen erfordert ein gutes Ballgefühl und sicheren Stand auf den Skates.

Crosstraining – von der Rolle auf Rad und Kante

Der Sommersport Inlineskaten ist eine echte Offenbarung für alle Wintersportler. Die Spitzenathleten des weißen Sports haben schon sehr lange die Rollschuhe in ihr Sommertraining eingebaut. Langlauflegende Jochen Behle erwarb bereits Mitte der 1980er Jahre ein Paar Skates aus den USA und bereicherte sein Sommertraining mit dem neuen Sportgerät. In Norwegen und auch der ehemaligen DDR griffen sowohl Eisschnellläufer als auch nordische Skifahrer schon zu den Skates, lange bevor sich diese als spaßiges Freizeitsportgerät in Deutschland etablierten. Inzwischen gehört das Training auf den acht Rollen zum festen Bestandteil des Sommertrainings in den Skivereinen – gleichgültig auf welchem technischen Level.

Aber nicht nur als Vorbereitung auf die Skisaison ist Inlineskaten ideal, auch Radsportlern und Läufern bieten die Rollen eine willkommene Abwechslung und sinnvolle Ergänzung ihres Trainings.

Asphalttraining für Alpinskifahrer

Die deutlichen Veränderungen der Skitechniken in den letzten vier Jahren aufgrund der Einführung stark taillierter Carvingskier haben dazu geführt, dass beide Techniken, Skaten und Skilaufen, sich noch stärker angenähert haben. Carven ist also angesagt – sowohl auf der Asphalt- als auch auf der Schneepiste.

Alpinskifahren und Inlineskating stellen sogar ähnliche konditionelle Anforderungen. So ist bei beiden in erster Linie die Kraftausdauer der Beinmuskulatur der leistungsbegrenzende Faktor. Und im koordinativen Bereich ist das Gleichgewicht eine ständige Bewegungsanforderung, die es zu meistern gilt. Darüber hinaus lassen sich direkte Technikparallelen erkennen: Umkanten kommt sowohl beim Skilaufen als auch beim Skaten vor, Schwingen, in die Kurve kippen oder Bögen schneiden sind weitere Gemeinsamkeiten.

Jedes Jahr dasselbe: Man steigt mit steifen Knochen in die Skistiefel und hofft darauf, wenigstens bis zum Ende des Urlaubs die vorjährige Form wiederzugewinnen. Durch Inlineskaten kann man sich schon im Sommer fit machen für das Vergnügen im Schnee.

Wechselseitiges Training: Ähnliche Anforderungen und Erfahrungen beim Abstoßen, Gleiten, Ändern der Richtung, Bremsen, Stürzen, Unebenheiten ausgleichen etc. machen Skifahren und Skaten zu wunderbar kompatiblen Sportarten.

Wer sich also gezielt auf den Wintersport vorbereiten will und dabei mehr tun möchte als nur Skigymnastikkurse zu absolvieren, sollte sich die Skates anschnallen: Er bringt nicht nur seine Kondition wieder auf Vordermann – er weckt auch die schlummernden Bewegungserfahrungen der Schwungtechniken. Am besten lassen sich die alpinen Techniken auf einer leicht abschüssigen Straße üben. Allerdings benötigen Sie kein Gefälle wie im Winter: Straßen mit drei bis fünf Prozent Neigung reichen schon vollkommen aus, um ordentlich Fahrt aufzunehmen.

Die Skates sind wendiger

Der Unterschied zwischen Ski und Skate: Die leichteren Skates und der kurze Radstand machen die Rollschuhe wendiger als normale Skier. Allerdings: Speedskates mit fünf Rollen sind in Bezug auf die Wendigkeit mit Riesenslalomcarvern vergleichbar. Auch Bewegungsanforderungen aufgrund der ständig wechselnden Bodenbeschaffenheit beim Skilaufen (fester/lockerer/vereister Schnee, Bodenwellen, abfallender Hang) lassen sich auf Skates nicht schulen. Was sich aber gut üben lässt, sind geschnittene Schwünge. Die Carvingskier erleichtern das saubere Schneiden der Schwünge auf der Kante, ohne zu rutschen. Die Skates lassen überhaupt kein Rutschen zu und festigen das Gefühl für den perfekt geschnittenen Schwung mit Belastung beider Füße.

Das Übungsprogramm für Alpinfahrer

Der Deutsche Skiverband hat ein Übungsprogramm für Alpinfahrer auf Skates zusammengestellt. Es gliedert sich in drei Abschnitte:
- Belastungswechsel
- Kanten und Kurvenlage
- Hoch-Tief-Bewegungen

Belastungswechsel
- Umspringen: Fahren Sie nur auf dem rechten Skate; dann abspringen und auf dem linken Skate landen. Variieren Sie diese Form bei unterschiedlichem Tempo und Gefälle
- Wie die Übung oben, allerdings dabei Bögen fahren
- Side-Steps
- Umsteigen
- Kantenwechsel

Fit für den Winter

Ob lang gezogene Riesenslalomschwünge (Bild links) oder kurze Slalomschwünge mit »Abräumen« einer Kippstange (Bild rechts) – Carven für den Winter wird im Sommer auf Inlineskates vorbereitet.

Kanten und Kurvenlage
- Sanduhrlauf
- Bogentreten im Galopprhythmus
- Abfahrtshocke: Kanten Sie in der tiefen Hocke bewusst um, und fahren Sie nur durch die Gewichtsverlagerung kleine Bögen
- Slalom: Kurven Sie durch einen Parcours aus kleinen Hütchen, Bechern, Dosen etc., oder bauen Sie sich ein Hindernisfeld aus verschiedenen Gegenständen, die umfahren werden müssen

Hoch-Tief-Bewegung
- Up and Down: Leiten Sie den Kantenwechsel mit einer Streckbewegung ein, dann umkanten und zum Aussteuern tiefgehen.
- Down and up: Umgekehrt wie die Übung oben – der Kantenwechsel wird durch ein Beugen der Fuß-, Knie- und Hüftgelenke ausgelöst. Danach erfolgt eine kontinuierliche Streckung.

Skates und Skier: ein starkes Duo für Kondition, Koordination und Techniktraining.

Varianten auf acht Rollen

Inlineslalom mit Skistöcken: perfektes Simulationstraining für Slalomrennen im Schnee.

● Zeitspiel: Strecken Sie sich einmal explosiv und danach ganz langsam nach einem Kantenwechsel.
● Hüpfer: Überspringen Sie kleine, flexible Hindernisse in einem Slalomparcours, beispielsweise ein Seil oder auch leere Filmdosen aus Plastik.
● Übrigens: Der Deutsche Skiverband (DSV) hat mit dem Salomon-Inlinecup eigens eine Wettkampfserie installiert, die auch im Sommer echtes Skifeeling aufkommen lässt.

Sommerlicher Skatingspaß für Skilangläufer

Skilanglauf und Inlineskaten bereichern sich gegenseitig: Die Gerätevariation erweitert das Technikspektrum.

Die Ähnlichkeiten zwischen Inlineskating und der Skatingtechnik im Skilanglauf sind offensichtlich und liegen nicht nur im Namen. Der seitliche Abstoß vom fahrenden bzw. gleitenden Untersatz ist in beiden Sportarten wie auch beim Eislauf nahezu identisch. Geringe Unterschiede in der Feindosierung sind dabei eher ein Plus, da so eine größere Flexibilität der Technik erlernt wird. Die dadurch vergrößerte Bandbreite der Technik hilft dem Langläufer später auch bei unterschiedlichen Schnee- und Geländebedingungen.

Werden die Stöcke beim Inlineskaten hinzugenommen, lassen sich viele Skilanglauftechniken simulieren. Es gibt bereits erste Wettkämpfe im so genannten Nordic-Blading – auch in der Kombination mit Mattenspringen von der Skischanze.

Stockeinsatz trainiert die Arme

Für den Inlineskater eröffnen sich durch die Stöcke neue Möglichkeiten, Arme und Schultern mitzutrainieren, speziell bergauf. Beim Skilanglauf wird durch unterschiedliche Formen des Stockeinsatzes der Beinabstoß durch einen Schub der Arme unterstützt. Diese Rhythmen lassen sich mit den Gängen eines Autogetriebes vergleichen. Durch das Schalten, also den Wechsel der Gänge, wird der Motor im optimalen Drehzahlbereich gehalten und so der Krafteinsatz ökonomisch gestaltet.

Faustregel: Die Stöcke sollten Ihnen bis zur Nasenspitze reichen, wenn Sie diese senkrecht vor sich hinstellen und dabei auf Ihren Skates stehen.

Aufgrund der wesentlich geringeren Rollwiderstände verglichen mit dem Gleiten auf dem Schnee, kommt es beim Inlineskaten mit Stöcken zu längeren Gleitphasen. Das bedeutet, dass die unteren »Gänge« der Skilanglauftechniker auf Skates nur wenig trainiert werden können, da der Motor »überdrehen« würde. Techniken mit einem Doppelstockeinsatz lassen sich auf Inlineskates jedoch sehr gut ausführen.

Immer im richtigen Rhythmus

In der Ebene

In der Ebene bei flottem Tempo bietet sich ein Doppelstockschub auf jeden zweiten Schritt an. Diese Technik ist leicht erlernbar, da Sie sich nur auf eine Seite konzentrieren müssen. Zur anderen Seite machen Sie einen normalen Skatingschritt ohne Unterstützung der Stöcke. Es bringt jedoch Vorteile, wenn Sie die Arme dabei schon nach vorne schwingen, um den Stockeinsatz für den nächsten Schritt vorzubereiten. Daher nennen die Langläufer diese Technik Armschwungtechnik oder 1:2-Technik – also ein Stockschub auf jeden zweiten Schritt (»dritter Gang«).

Skilanglauf: Wer im Sommer auf Asphalt skatet, findet im Winter schnell Spaß am Skaten im Schnee.

Varianten auf acht Rollen

Stockarbeit in der Ebene: gleichzeitiges paralleles Einsetzen beider Stöcke mit Beginn des Beinabstoßes (Bild links) und Unterstützung des Beinabdrucks durch Doppelstockschub (Bild rechts).

Bei Gegenwind oder sanften Hügeln

Wird es leicht hügelig oder aufgrund von Gegenwind oder schlechterem Asphalt langsamer, so schalten Sie runter in die »1:1-Technik«: Jeder Schritt wird durch einen Doppelstockeinsatz unterstützt. Gleichzeitig mit dem Beinabstoß beginnen die Arme über die Stöcke zu schieben. Diese Technik ist auch für Sprints geeignet (»zweiter Gang«).

Bei steilen Anstiegen

Kommen Sie in die Gänge! Durch die unterschiedlichen Rhythmen der Beinarbeit mit darauf abgestimmtem Arm-Stock-Einsatz drücken und ziehen Sie sich voran.

Werden die Anstiege steiler, ist es besser, wenn Sie den Stockeinsatz etwas verteilen. Der Stockeinsatz erfolgt zwar wieder nur zu einer Seite, wird aber räumlich und zeitlich versetzt. Beide Arme werden ähnlich wie beim »1:2« gleichzeitig nach vorne geschwungen, jedoch wird ein Stock weiter hoch geführt. Dadurch setzt er deutlich steiler und somit auch weiter vorne als der andere ein, dafür aber etwas später. So können Sie sich mit diesem Arm am steil eingesetzten Stock regelrecht den Berg hinaufziehen. Diese Technik wird Führarmtechnik oder asymmetrischer 1:2 genannt (»erster Gang«).

Der richtige Stockeinsatz

In ihrem Erscheinungsbild ähnelt sie einem Paddelschlag mit dem Stechpaddel; die Norweger sagen deshalb auch padling (paddeln).

Vorsicht Wenn Sie an den Umgang mit den Stöcken nicht vom Skilanglauf gewöhnt sind, beachten Sie, dass Sie sehr viel Platz benötigen. Entgegenkommende Radfahrer, aber auch nachfolgende Läufer können durch die Stockspitzen gefährdet werden.

Stockarbeit am Berg: Hängen Sie sich in den Stock auf der neuen Gleitseite, und ziehen Sie sich den Berg hinauf.

Tipps für die Technik

● Probieren Sie zunächst, sich nur mit den Stöcken voranzuschieben. Setzen Sie die Stöcke senkrecht ein, und legen Sie dann Ihr Gewicht darauf, indem Sie eine Art Klappmesserbewegung ausführen. Erst danach stoßen Sie die Arme mit geöffneten Händen in den Stockschlaufen nach hinten. Dies ist auch eine gute Übung zur Stärkung der Rumpfkraft für Speedskater.

● Konzentrieren Sie sich auf das sehr genaue Setzen der Stöcke in den Asphalt. Der Stockeinsatz erfolgt gleichzeitig mit dem Aufsetzen des neuen Gleitbeins.

● Beide Stöcke weisen stets parallel in die Fahrrichtung des neuen Gleitskates. Arme und Stöcke bilden einen »Kanal«, in den der Gleitskate gerade hineinrollt.

● Auf Abfahrten sollten Sie zur Sicherheit grundsätzlich die Hände aus den Schlaufen ziehen. Wollen Sie Stockeinsätze wie beim Alpinskifahren simulieren, dann fassen Sie die sonst zu langen Langlaufstöcke in der Mitte an.

Links – vom Asphalt in den Schnee
● www.ski-online.de

155

Radfahren, Laufen, Skaten: So unterschiedlich diese Sportarten auch sein mögen – sie lassen sich wunderbar zu einem Rundumtraining kombinieren.

Skaten für Radfahrer und Läufer

Radfahren und Skaten, speziell Speedskaten, haben viele Gemeinsamkeiten. Die muskuläre Beanspruchung der Beine ist vergleichbar, das Fahren im Windschatten ähnlich, und auch das taktische Verhalten im Rennen weist Parallelen auf. In beiden Disziplinen wird die allgemeine Grundlagenausdauer und die Kraftausdauer der Beinmuskulatur verbessert. Die Beanspruchung ist konzentrisch bzw. statisch, die Gelenkbelastung beim Radfahren ist allerdings noch geringer als beim Skaten. In mehreren Studien wurden die Herz-Kreislauf-Belastungen beim Speedskaten, Laufen und Radfahren verglichen.

Crosstraining auf Skates auch für Radler und Läufer: So vermeiden Sie Langeweile beim Training und schützen sich durch den Ausgleich der Belastungsreize vor Verletzungen.

Die Muskulatur muss umdenken

In Bezug auf die Belastungsart unterscheidet sich Skaten vom Laufen stark: Während beim Joggen (und auch beim Schwimmen) selbst bei niedrigem Tempo die Muskulatur durchweg dynamisch arbeitet, findet beim Skaten eine einbeinige, kräftige und dynamische Abstoßbewegung statt, gefolgt von einer Gleitphase auf dem anderen Bein. In dieser Phase muss die Muskulatur statisch arbeiten, d. h., ohne Bewegungen das Körpergewicht halten und ausbalancieren. Das Körpergewicht wiederum bestimmt die Intensität der Haltearbeit, unabhängig von der Geschwindigkeit. Diese hat lediglich Einfluss auf die zu leistende dynamische Muskelarbeit in der Abdruckphase.

Beim langsamen Skaten ist die Haltearbeit im Verhältnis zur dynamischen Arbeit relativ groß. So steigt zwar die Herzfrequenz, der Sauerstoffverbrauch wird jedoch nicht größer. Hier sind Laufen und Radfahren effektiver. Erst bei mittlerem bis hohem Tempo hat Skaten für trainierte Sportler positive Auswirkungen auf die Ausdauerleistungsfähigkeit. Um in diesem Bereich zu trainieren, ist es notwendig, dass Sie eine sehr ruhige, wenig befahrene Landstraße haben oder auf die Speedskatingbahnen (siehe Adressen auf Seite 166ff.) ausweichen.

Skaten kann den Spaßfaktor beim Crosstraining deutlich erhöhen – für die Effektivität ist das ganz entscheidend.

Laufen strapaziert die Gelenke mehr

Im Gegensatz zum Laufen ist das Skaten jedoch wesentlich gelenkschonender. So hat ein 70 Kilogramm schwerer Marathonläufer bei 42 Kilometern rund 40 000-mal das Zwei- bis Dreifache seines Körpergewichts abzufedern. Das summiert sich auf rund 8000 Tonnen! Beim Skaten hingegen findet eine gleitende Gewichtsverlagerung von einem Bein auf das andere statt. Das Abfangen eines Mehrfachen des Körpergewichts entfällt. Das kommt besonders Menschen entgegen, die schwache Gelenke, Knorpel und Bänder haben. Ein Problem beim Inlineskating, speziell mit stark gebeugtem Oberkörper, ist jedoch die hohe Belastung der unteren Wirbelsäule. Hier treten wegen der langen statischen Haltearbeit schnell Verspannungen auf. Untersuchungen von Peifer u. a. an der Goethe-Universität in Frankfurt am Main von 1998 belegten, dass die muskulären Beanspruchungen beim Laufen nicht wesentlich geringer waren, jedoch lediglich in der Stützphase des Auftritts vorkommen. Aus gesundheitssportlicher Sicht ist also die Stärkung der Rückenmuskulatur beim Laufen besser als beim Skaten.

Laufen ist zwar die effektivste Ausdauersportart, belastet aber die Fußgelenke sehr stark.

Varianten auf acht Rollen

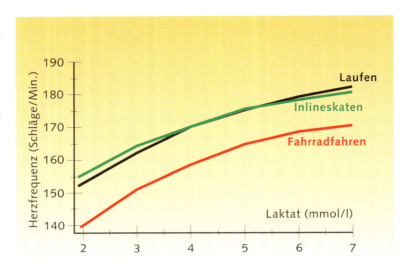

Die Herz-Kreislauf-Belastung beim Inlineskaten ähnelt der beim Laufen sehr deutlich (Quelle: Schulz/Reiffer/Heck 1996).

Skaten? Gut. Radfahren? Gut. Beides? Noch besser!

Am stärksten als Kombination

Untersuchungen von Schulz, Reiffer und Heck an der Ruhr-Universität Bochum zeigten, dass die Pulsfrequenz beim Skaten mit dem Laufen vergleichbar ist. Für das Training der Grundlagenausdauer ist Radfahren sicherlich besser geeignet als Skaten, da man auf dem Rad länger mit geringer Intensität fahren kann. Eine gute Mischung ist aber auch die Kombination beider Sportarten. Wenn Sie einen Partner haben, der ungefähr das gleiche Technik- und Konditionsniveau hat wie Sie, probieren Sie doch einmal das Ausdauerdoppel. Dabei wechseln Sie alle 25 Minuten den fahrbaren Untersatz. Was das Fahrtempo betrifft, sind beide Sportarten perfekt zu kombinieren. Da die Herzfrequenz beim Radfahren etwas niedriger liegt, können Sie sich von der anstrengenderen Skatephase erholen. Auf diese Weise haben Sie ein abwechslungsreiches und effektives Ausdauertraining mit zwei unterschiedlichen Belastungsintensitäten.

Mit Skates auf Touren

Skatetouren stehen hoch im Kurs. Das Niveau der Inliner ist in den vergangenen Jahren kontinuierlich gestiegen. Eine Folge davon ist, dass größere Herausforderungen gesucht werden, beispielsweise Skatetouren über mehrere Tage.
Sicheres Bremsen, gute Kurventechniken, Gleiten auf einem Bein, Rückwärtslaufen – das kleine Einmaleins des Skatens sollten Langzeitskater beherrschen. Und die Kondition muss natürlich stimmen: Wer zwei, drei oder gar mehr Tage die Skates als Fortbewegungsmittel wählt, für den dürfen Tagesrouten bis zu vier Stunden kein Problem sein. Für das Gelingen einer ein- oder mehrtägigen Tour bedarf es jedoch mehr als nur guter körperlicher Fitness.

Die perfekte Planung für das Abenteuer

Die Route wählen

Legen Sie anhand einer aktuellen Straßen- oder Radwanderkarte die genaue Route fest. Wählen Sie nur kleine, fast unbefahrene Landstraßen oder gut ausgebaute Radwege aus. (Auch wenn Skater rechtlich betrachtet auf Straßen und Radwegen nichts zu suchen haben – solange Sie wirklich ruhige Wege nutzen, wird es selten Probleme geben.) Fahren Sie die Tour schon vorher mit dem Auto ab. Das kostet zwar Zeit, kann aber vor bösen Überraschungen und Hindernissen bewahren. Achten Sie bei Ihrem Tourencheck auf den Asphalt: Sehr grober und schlechter Straßenbelag ist auf längeren Strecken eine Qual für die Füße. Ebenso können steile Anstiege oder Abfahrten unüberwindbare Hindernisse darstellen. Achten Sie beim Tourencheck auch darauf, wann und wo man die Fahrt problemlos abbrechen kann, wenn z. B. Regen eine Weiterfahrt verhindert.
Zelten scheidet aufgrund des schweren Gepäcks aus. Mehrtägige Fahrten sollten daher immer in größeren Ortschaften enden, wo sich leicht ein Nachtquartier finden lässt.

Sie haben keine Lust, eine Tour allein zu planen, oder Sie haben nicht die richtigen Skatepartner? Kein Problem! Verschiedene Veranstalter bringen Sie auf die Rolle und unter Gleichgesinnte (Adressen siehe Seite 161).

Varianten auf acht Rollen

Genuss pur: Sonne, Strand und Skates. Mit der richtigen Planung ist einem der rollende Traumurlaub fast schon sicher.

Die Zeiteinteilung

Nutzen Sie den ganzen Tag! Skaten Sie morgens einen Abschnitt, gönnen Sie sich dann eine ausgedehnte Mittagspause mit einem schönen Picknick, und fahren Sie am Nachmittag den zweiten Teil.

Genießen Sie die Umgebung, und machen Sie kein Rennen aus der Tour. Grundsätzlich richten sich Distanz und Tempo nach dem schwächsten Skater. Planen Sie alle 30 Minuten eine Pause zum Trinken und spätestens jede Stunde zehn Minuten zum Verschnaufen ein.

Was noch zum Gelingen beiträgt

● Achten Sie darauf, dass alle Gruppenmitglieder ein ähnliches Fahrniveau und vergleichbare Kondition haben.
● Der Einsatz von Skilanglaufstöcken sorgt für zusätzlichen Schub, kräftigt die Arme und entlastet die Beinmuskulatur. Allerdings lassen sich die Stöcke ungenutzt schlecht transportieren. Teleskopskistöcke sind oft zu kurz (Ausnahme: Die Firma Leki hat Teleskoplanglaufstöcke mit 175 Zentimeter Länge). Zu kurze Stöcke belasten den Rücken.
● Im Falle eines Falles: Für eine größere Panne oder einen möglichen Abbruch der Tour sollten Sie schon vorher im Bekanntenkreis einen Rücktransport organisieren.

Besonderes Augenmerk bei längeren Touren verlangt das Gepäck. Wenn Sie kein Begleitfahrzeug haben, das Ihr Gepäck befördert, kann jedes Gramm Zuviel im Rucksack den Spaß auf der Straße vermiesen. Das Motto ist: so viel wie nötig, so wenig wie möglich.

Für Energienachschub sorgen

Achten Sie darauf, dass Sie viel trinken. Ähnlich wie beim Radfahren registriert man den Flüssigkeitsverlust aufgrund der starken Verdunstung über die Haut kaum. Deshalb stets einen Liter Wasser, Apfelsaftschorle oder Elektrolytgetränk dabei haben und die Flasche immer wieder auffüllen. Als feste Nahrung bieten sich Energieriegel an. Diese sind leicht (an Gewicht) und liefern (meist) einen Großteil der notwendigen Mineral- und Nährstoffe, die man für eine Ausdauerbelastung benötigt. Richtig »reinhauen« können Sie ja bei einer längeren Pause zwischendurch bzw. am Abend.

Wenn Sie so vorbereitet und gewappnet über mehrere Tage durch schöne Landschaften dahingleiten, wird auch Ihnen das Surren der Rollen wie Musik in den Ohren vorkommen.

Darauf sollten Sie achten

- Nehmen Sie trockene Wechselwäsche mit, die Sie bei längeren Pausen anziehen können.
- Eine wind- und wasserabweisende Jacke ist Pflicht.
- Werkzeug zum Rollenwechseln nicht vergessen.
- Wenn Sie sehr lange Touren planen, nehmen Sie Ersatzrollen mit.
- Ein Paar leichte Sandalen sind oft eine Wohltat nach Stunden auf den Skates.
- Achten Sie beim Rucksack darauf, dass er ein sehr gut belüftetes Tragesystem hat, der Hüftgurt richtig sitzt und gepolstert ist und der Brustgurt für einen festen Halt sorgt. Außerdem sollte das Volumen variabel sein, um den Inhalt immer sehr kompakt zusammenzuschnüren.
- Eine Halterung am Gürtel oder Hüftgurt erspart umständliches Suchen der Trinkflasche im Rucksack.
- Ziehen Sie atmungsaktive Shirts und Shorts an. Diese transportieren den Schweiß von der Haut weg. Ansonsten besteht die Gefahr, dass Sie sich schnell erkälten.
- Für ein paar Blasenpflaster sollte auch noch Platz sein.

Links – hier bringt man Sie auf Touren
- Der amerikanische Veranstalter Zephyr bietet Touren in Europa und den USA an:
Tel.: 0 01/6 12/8 61 67 04,
www.skatetour.com
- Touren am Bodensee bietet Skate & Fun an:
Tel.: 0 83 82/9 70 80
- Inline Tours ist ein Schweizer Anbieter:
www.inlinetours.ch
- Skatetouren in ganz Europa:
www.skate-tours.com
- Ein Anbieter in Holland:
www.skate-a-round.com
- 100 Kilometer durch Brandenburg:
www.flaeming-skate.de

Hilfreiches zum Schluss

Inlineskatingglossar

Viele Namen und Bezeichnungen beim Inlineskaten sind vom Skateboardfahren übernommen worden. Da der Ursprung der Skater in den USA liegt, sind viele Fachbegriffe aus dem Englischen fest im Szenejargon verankert.

Probleme mit dem Fachchinesisch? Hier erfahren Sie, was sich dahinter verbirgt.

- **ABEC (Annular Bearing Engineers Comitee)** Qualitätsnorm für Kugellager (Bewertung von eins bis neun)
- **Aggressive** Skating über Handläufe, Treppen, Steinkanten und Sprünge über Hindernisse
- **Air** Sprünge in der → Halfpipe, → Ramp oder auf der Straße
- **Ankle-Strap** Gurtband mit Klettverschluss, der das Sprunggelenk fest fixiert
- **ABT** Active-Brake-Technology ist ein von der Firma Rollerblade entwickeltes Bremssystem
- **Anti-Rockering** Die beiden mittleren Rollen sind höher angebracht oder kleiner als das vorderste und hinterste Rad
- **ATP** Adenosintriphosphat; wichtiger Energieträger des Körpers, der schnell und ohne Sauerstoffbedarf Energie liefert
- **Backflip** Rückwärtssalto
- **Balls** Kugeln im Kugellager
- **Bearing** Kugellager
- **Border-Patrol** Schaumstoffbande zur Spielfeldbegrenzung beim Hockey
- **Bodycheck** Harter Körpereinsatz beim Hockey
- **Bowl** Schüssel in einem Funpark für Sprünge und Tricks
- **Breakaway** Ausreißversuch beim Speedskaten
- **Bully** Anstoß beim Hockey
- **Coating** Äußerster Mantel einer Rolle
- **Coping** Oberer Rand der → Halfpipe
- **Contest** Wettkampf
- **Core** Rollenkern

- **Curb** Steinkante, auf der man quer zur Fahrtrichtung rutschen kann
- **DEB** Deutscher Eishockey Bund
- **Defensive Zone** Verteidigungsdrittel beim Hockey
- **D.I.V.** Deutscher Inline-Skate Verband
- **DRIVe** Deutscher Rollsport- und Inline-Verband e.V.
- **Drop-in** Von der Kante in die → Halfpipe einfahren
- **Duckwalk** Figur im → Freestyle; der vordere Fuß ist dabei auf der hinteren Rolle, der hintere Fuß auf der vordersten Rolle
- **Durometer** Härtegrad des Rollenmaterials; Einheit »A«
- **Elbow Pad** Ellenbogenschützer
- **Event** Veranstaltung
- **Fakie** Rückwärtsfahren nach einem Sprung oder einer Figur
- **Fiveforty** Eineinhalbfache Drehung (540°)
- **Flat** Die untere gerade Ebene in der → Halfpipe
- **Flat-Rockering** Die Skaterollen sind alle auf der gleichen Höhe angebracht
- **Flat Top** Rollen mit einem flachen Profil, die speziell für → Halfpipe-Fahrer entwickelt wurden
- **Flip** Salto
- **Frame** Schiene zur Aufnahme der Rollen
- **Frame-Spacer** Aufnahmebuchsen für die Achsschraube am → Frame. Durch eine exzentrische Bohrung lässt sich ein → Rockering einstellen
- **Freestyle** Freies Fahren mit Sprüngen, zum Teil synonym verwendet für → Aggressive
- **Full Radius** Flaches Rollenprofil für Inlinehockey
- **Funbox** Vier Viertelrampen, die um eine erhöhte Plattform angeordnet sind
- **Goalie** Torhüter beim Hockey
- **Grab** Berühren der Skates bei einem Sprung
- **Grinden** Rutschen auf der Schiene oder auch auf der Kante der Skatesohle
- **Grind-Plates** Platten aus Metall oder Plastik zum Schutz der Schiene beim → Grinden
- **Grip** Bodenhaftung der Rollen
- **Halfpipe** Halbe Röhre aus Holz zum Trickfahren und Springen
- **Heel-Stop** Hackenstopp, Abbremsen mit dem Bremsgummi

Für Fitnessskater setzen sich Hybridboots immer mehr durch: Sie kombinieren die gute Stabilität der Hartschalenskates (Hardboots) mit dem Tragekomfort der turnschuhähnlichen Softboots.

Der Traum eines jeden Skaters: Black Ice – das ist relativ neuer, ganz glatter Asphalt.

- **Hop-up-Kit** → Spacer mit Gewinde und Achsschrauben
- **IISA** International Inline-Skating Association
- **IIHF** International Ice Hockey Federation
- **ISHF** International Skater Hockey Federation
- **Invert** Handstand
- **Invert to fakie** Handstand, bei dem man rückwärts wieder aufsetzt
- **Judges** Punktrichter beim → Aggressiveskaten
- **Kneeing** Abbremsen auf den Knieschonern
- **Knee Pads** Knieschoner
- **Lace/Lacing** Schnürsenkel/Schnürung
- **Late Spin** Verzögerte Drehung beim Sprung
- **Liner** Innenschuh
- **Lip Trick** Manöver an der → Coping der Halfpipe
- **Mc Twist** Salto mit Schraube
- **Miniramp** Kleine Rampe zum Springen
- **Negative-Rockering** Die mittleren Rollen sind höher gelegt (→ Anti-Rockering)
- **Nordic-Blading** Inlineskaten mit Skilanglaufstöcken
- **Obstacle** Hindernis beim → Aggressive- oder → Streetskating
- **Ollie-Box** Doppelstufe mit → Rails an den Stufenkanten
- **Pad** Schoner oder Schützer
- **Polyurethan (PU)** Spezialkunststoff, aus dem viele Hardboots hergestellt sind
- **Pool** Skatinganlage; ähnelt einem leeren Schwimmbecken mit abgerundeten Ecken
- **Positive-Rockering** Die äußeren Rollen sind höher gelegt (→ Anti-Rockering; → Negative-Rockering)
- **Power-Slide** Rasantes Bremsmanöver
- **Power-Strap** Riemen, um den oberen Schaftrand oder den Spann gut zu fixieren
- **Protective-Gear** Schutzausrüstung
- **Puck** Hartgummischeibe; Spielgerät beim Hockey
- **Quades** Rollschuhe mit 2x2-Rollenanordnung
- **Quarter-Pipe** Viertelröhre oder Rampe zum Springen
- **Rail** Treppengeländer oder Stahlrohr, auf dem man → grinden kann
- **Ramp** Kleine Schanze für Sprünge
- **Rebound** Maßstab für die Elastizität der Gummimischung der Rolle

- **Recreation-Skater** Freizeit- oder »Erholungs«-Fahrer
- **Rocket-Air** Sprung in der → Halfpipe, bei dem beide Füße nach vorne gestreckt werden
- **Rockering** Höhenverstellbarkeit der Rollen
- **Shifty** Der Oberkörper wird beim Sprung oder → Grind verdreht
- **Sliding** Seitliches Rutschen
- **Soul Grind** Seitlich auf einem Geländer oder einer Steinkante rutschen; der vordere Fuß gleitet quer auf der Schiene, der hintere längs auf der Sohlenaußenkante
- **Spacer** Distanzhalter (Buchse) für die Kugellager
- **Speed-Race** Geschwindigkeitswettbewerb
- **Spine-Ramp** Zwei → Ramps bzw. → Quarterpipes, die Rücken an Rücken stehen
- **Spins** Drehungen um die Körperlängsachse
- **Split-Frame** Schiene vom Hersteller K2, die in der Mitte ein Gelenk hat und die Abrollbewegung des Fußes ermöglicht
- **Stair-Riding** Treppen hinunterskaten
- **Street** Bezeichnung für eine Skatingform, bei der natürliche Straßenhindernisse wie Kanten, Bänke, Geländer oder Treppen mit einbezogen werden
- **Streethockey** Inlinehockey auf Parkplätzen oder anderen großen freien Asphaltflächen
- **Stunt** Andere Bezeichnung für → Aggressiveskaten, in erster Linie Springen, Tricks, → Grinden
- **Track** Rollschuhbahn
- **Traction** Haftung der Rollen
- **Transition** Rundung in der → Halfpipe zwischen Boden und der vertikalen Wand
- **Top-Side-Air** Sprung in der → Halfpipe, mit Blick nach oben
- **T-Stop** Bremstechnik, bei der der hintere Fuß quer zur Fahrtrichtung aufgesetzt wird
- **Tweaked** Der Oberkörper wird bei einem Sprung verdreht
- **Vert** Senkrechte Wand in der → Halfpipe
- **Wall-Riding** Sprung gegen die Wand, mit einem Fuß an der Wand weiterfahren/-rutschen
- **Wheel** Rolle
- **Wrist-Guard** Handgelenkschützer

Das sollte nicht passieren: Ein so genannter Slam ist ein schwerer Sturz beim Skaten.

Speedskatingbahnen

Soweit nicht anders angegeben, handelt es sich um Asphaltbeläge. Der Kurveninnenradius bei den 200-Meter-Strecken beträgt 15 Meter, die Breite sechs Meter.

Ort/Ansprechpartner/Verein	Pistenlänge	Bemerkung
Allstädt/Harz (Kreis Sangerhausen)	125 m	Asphaltbahn, enger Kurvenradius, Breite 4,5 m
Anklam, Michael Hafenmeister, Nr. 19 b, 17393 Rezlow	200 m	
Berlin-Wilmersdorf, Berliner TSG, Allee der Kosmonauten 169, 12679 Berlin, Tel.: 0 30/5 40 65 95	375 m	Eisschnelllaufbahn, Beton
Bayreuth, Elke Hertrich, Sieglindstraße 70, 95445 Bayreuth, Tel.: 09 21/2 43 57	200 m	Kurvenüberhöhung 7 %
Bechhofen, Martin Schicker, Friedhofstraße 20, 66894 Bechhofen, Tel.: 0 63 72/52 99	166 m	Kurvenüberhöhung 7 %
Darmstadt, Alexander Enderes, Wormserstraße 24, 64295 Darmstadt, Tel.: 0 61 51/31 36 76	162 m	Hallenbahn 4,5 m breit, extrem parabolisch überhöhte Kurven, Parkettbelag
Dessau, TSG Aufbau Union, Renate Kaufels, Elballee 78, 06846 Dessau, Tel.: 03 40/61 04 39	200 m	
Dresden, Eissportclub, Silke Stein, Fürstenwalderstraße 9, 01277 Dresden, Tel.: 01 72/3 50 09 67	250 m	Keine Kurvenüberhöhung

Speedskatingbahnen

Soweit nicht anders angegeben, handelt es sich um Asphaltbeläge. Der Kurveninnenradius bei den 200-Meter-Strecken beträgt 15 Meter, die Breite sechs Meter.

Ort/Ansprechpartner/Verein	Pistenlänge	Bemerkung
Eckernförde, Rollsportverein, Olaf Pahlke, Möhlenkamp 31, 24340 Eckernförde, Tel.: 0 43 51/4 37 62	200 m	Kurvenüberhöhung 7 %
Gera, Blau Weiß Gera, Küchengartenallee 29, 07548 Gera, Tel.: 03 65/8 32 14 09		
Groß-Gerau, Blau Gelb Gerau, Benno Zschätzsch, Adolf-Göbel-Straße 13c, 64521 Groß-Gerau, Tel.: 0 61 52/91 05 00	200 m	Kurvenüberhöhung 7 %, zusätzlich 304 m Straßenkurs
Heppenheim, REC Heppenheim, M. Guthier-Schmitt, Karlstraße 3, 64646 Heppenheim, Tel.: 0 62 52/43 97	200 m	Sehr enger Kurvenradius, Breite 5 m
Homburg/Saar, Werner Jung, Auf dem Höfchen 39, 66459 Kirkel, Tel.: 0 68 41/8 07 66	200 m	Kurvenüberhöhung 7 %

Speedskatingbahnen

Soweit nicht anders angegeben, handelt es sich um Asphaltbeläge. Der Kurveninnenradius bei den 200-Meter-Strecken beträgt 15 Meter, die Breite sechs Meter.

Ort/Ansprechpartner/Verein	Pistenlänge	Bemerkung
Inzell, Leistungszentrum Eissport, Reichenhaller Straße 79, 83330 Inzell, Tel.: 0 86 65/8 52	375 m	Eisschnelllaufbahn, Beton, Kurvenüberhöhung 0 %
Nürnberg, 1. FC Nürnberg, Barbara Fischer, Kreutzerstraße 67, 90439 Nürnberg, Tel.: 09 11/61 81 09	200 m	Kurvenüberhöhung 7 %
Schweinfurt, ERV Schweinfurt, Christine Dietmar, Rathausplatz 6, 97502 Euerbach, Tel.: 0 97 26/82 87	200 m	Kurvenüberhöhung 7 %
Seeheim, ASC Seeheim-Jugenheim, Bernd Schicker, Ernsthoferstraße 15 c, 64342 Seeheim-Jugenheim, Tel.: 0 62 57/8 66 88	200 m	Kurvenüberhöhung 7 %
Großenhain, Jutta Hanatschek, Dr.-Jacobs-Straße 6, 01558 Großenhain, Tel.: 0 35 22/6 37 82	150 m	Starke Kurvenüberhöhung
Gettdorf, TV Gettdorf. Rolf Schössler, Herrenstraße 18, 24214 Gettdorf, Tel.: 0 43 46/16 74	200 m	Kurvenüberhöhung 7 %, Neubau einer 250-m-Piste geplant

Hier können Sie sich durchchecken lassen

Adressen für Leistungsdiagnostik

Postleitzahl 20000
- Institut für Sport- und Bewegungsmedizin
Prof. Braumann
Mollerstraße 10
20148 Hamburg
Tel.: 0 40/4 28 38 63 39

Postleitzahl 30000
- MSG Hannover
Peiner Straße 2
30519 Hannover
Tel.: 05 11/8 42 04 15

- Universität Paderborn
Sportmedizinisches Institut
Prof. Liesen
Warburgerstraße 100
33098 Paderborn
Tel.: 0 52 51/60 31 80

- Saluto – Gesellschaft für Sport und Gesundheit mbH
Prof. Zimmermann
Gausekampweg 2
33790 Halle
Tel.: 0 52 01/81 50 50

- Parkhöhe
Medizinisches Zentrum
Hufelandstraße 14–20
34537 Bad Wildungen
Tel.: 0 56 21/70 30

Postleitzahl 40000
- Sportmedizinisches Zentrum Oberhausen
Wilhelmstraße 34
48145 Oberhausen
Tel.: 02 08/69 52 33

Postleitzahl 50000
- Deutsche Sporthochschule
Ronny Wöstmann
Carl-Diem-Weg 6
50933 Köln
Tel.: 02 21/49 82 50 22

- SKOLAmed GmbH
Institut für Diagnostik und Gesundheitssteuerung
Michael Trixler
Höhenstraße 42
51588 Nümbrecht
Tel.: 0 22 93/9 11 50

- Lüttke Leistungsdiagnostik
Luisenstraße 6
53604 Bad Honnef
Tel.: 0 22 24/96 71 08

- Sportmedizinische Praxisgemeinschaft
Dr. Haas/Dr. Schmitt
Colmanntstraße 21
53115 Bonn
Tel.: 02 28/63 66 28

Adressen für Leistungsdiagnostik

Postleitzahl 60000
- Universität Frankfurt
Sportmedizinisches Institut, Dr. Lohrer
Otto-Fleck-Schneise 10
60528 Frankfurt
Tel.: 0 69/6 78 00 90

- Sport A Med/Living Fitness & Emotion
Dipl.-Sportwissenschaftler Phillip
Norsk-Data-Straße 1
61352 Bad Homburg
Tel.: 0 61 72/48 35 30

- Aqua-Fitness-Club und Schwimmschule
Peter Kurz
Ruhlandstraße 68
63741 Aschaffenburg
Tel.: 0 60 21/2 03 67

- Universität Saarland
Sport- und Leistungsmedizin
Prof. Kindermann
Postfach 151150
66041 Saarbrücken
Tel.: 06 81/3 02 37 50

- Rehaklinik Saarschleife
Dr. Wessinghage
Cloefstraße 1a
66693 Mettlach-Orscholz
Tel.: 0 68 65/90 18 30

Postleitzahl 70000
- Sportinstitut Stuttgart, Prof. Ritthaler
Martin-Luther-Straße 3
70372 Stuttgart
Tel.: 07 11/5 53 51 77

- Medizinische Klinik und Poliklinik
Abteilung Sportmedizin, Dr. Röcker
Hölderlinstraße 11
72074 Tübingen
Tel.: 0 70 71/2 98 64 93

- Universität Freiburg
Sport- und Leistungsmedizin, Prof. Keul
Hugstetterstraße 55
79106 Freiburg
Tel.: 07 61/2 70 74 73

Postleitzahl 80000
- Energy Lab
Dr. Weitl
Imhofstraße 78 a
Tel.: 08 21/25 92 40

- Universität München
Sportmedizin, Prof. Jeschke
Connollystraße 32
80809 München
Tel.: 0 89/28 92 44 31

- Sportmedizinische Untersuchungsstelle
Blumenhof-Klinik
Dr. Geiger
Birkenallee 41
83233 Bernau-Felden
Tel.: 0 80 51/80 16 82

Postleitzahl 90000
- Institut für Medical Fitness
Dr. Möckel
Im Gewerbepark D 50
93059 Regensburg
Tel.: 09 41/46 41 80

Wichtige Adressen für Roll- und Gleitsportler

Deutschland

DRIVe
Deutscher Rollsport und Inline Verband e. V.
Sternengasse 5
89073 Ulm
Tel.: 07 31/6 64 14

D.I.V.
Deutscher Inline-Skate Verband e. V.
Bergstraße 20
64342 Seeheim-Jugenheim
Tel.: 0 62 57/96 22 36, Internet: www.d-i-v.de

Deutscher Skiverband
Haus des Ski
Am-Erwin-Himmelseher-Platz
Hubertusstraße 1
82152 Planegg
Tel.: 0 89/85 79 00, Internet: www.ski-online.de

Österreich

Österreichischer Rollsport Verband
Kundmanngasse 24/3
A-1030 Wien
Tel.: 00 43/1/7 14 02 03

Schweiz

Schweizer Rollsport Verband
Sihlbrugstraße 105
CH-6341 Baar
Tel.: 00 41/41/70 42 58

Adressen von Inlineskatingschulen

Name	Anschrift PLZ / Ort E-Mail	Telefon Fax	Homepage
Inline-Skate Mobil	Hauptstraße 19 Postfach 191261 10827 Berlin	Tel.: 030/30 81 92 00 Fax: 030/30 81 92 01 inline-skate-mobil@t-online.de	http://www.inline-skate-mobil.de
Hamburger Inline-Skating Schule e.V.	Mollerstraße 2 20148 Hamburg	Tel.: 040/4 28 38 36 05 Fax: 040/4 28 38 68 61 inline@sport.uni-hamburg.de	http://www.inline-skating-schule.de
Skate School Flensburg	Neuer Weg 78 24943 Flensburg	Tel.: 04 61/6 54 54	
Happy-Skater	Lüneburger- straße 20a 28203 Bremen	Tel.: 04 21/7 90 12 00 Fax: 04 21/7 90 12 12 happyskater@t-online.de	http://www.happy-skater.de
1. Bremerhavener D.I.V.-Inline-Skate Schule	Bürgermeister-Smidt-Straße 102 27568 Bremerhaven	04 71/4 99 88 Skate-Bremerhaven@t-online.de	http://www.tpp24.net/frankbobe
Sport Ertel-Inline Schule	Hehlentorstraße 29223 Celle	Tel.: 0 51 41/2 87 76 info@sport-ertel.de	http://www.sport-ertel.de
Skate Akademy	40764 Langenfeld	Tel.: 0 21 73/96 93 88 SkateAkademy@yahoo.com	
Bergische Inline-Skate Schule Polizei SV Wuppertal	Buschland 35 42285 Wuppertal	Tel.: 02 02/2 98 99 83 Fax: 02191/88 23 09 Ausbildung@PSV-Wuppertal.de	http://www.psv-wuppertal.de
funsport team	Hochstraße 10/ Karstadt 45964 Gladbeck	Tel.: 01 72/2 77 02 11 Fax: 0 20 43/48 84 91 funsport-team@t-online.de	http://www.funsport-team.de
Inlion Skating Team	Akazienweg 95 50827 Köln	Tel.: 02 21/4 74 25 93 Fax: 02 21/4 74 25 94 inlion@ram-dmc.de	http://www.inlion.de
In-Line-Skating-Schule Sauerland	Schützenstraße 27 57462 Olpe	Tel.: 0 27 61/96 98 38 Fax: 0 27 61/96 98 39 PeterNiklas@t-online.de	http://www.ils-sauerland.de
Colosseum Inline-Schule	Diezer Straße 14 65549 Limburg	Tel.: 0 64 31/2 33 53 Fax: 0 64 31/2 41 56 Bierbrauer@t-online.de	http://www.bierbrauer.net
C.I.A. Caro's Inline Academy	Postfach 10 04 66401 Homburg	Tel.: 0 68 41/1 56 36 Fax: 0 68 41/6 56 30 caro@inlineskate.de	http://www.inlineskate.de
Inline-Skating Schule	Gustav-Strese- mann-Weg 42 68766 Hockenheim	Tel.: 0 62 05/10 48 20 Fax: 0 62 05/10 48 22 ISSH.Welter@t-online.de	http://www.inlineskating-hockenheimring.via.t-online
S.I.S. 1. Stuttgarter Inline-Skating Schule	Birkhecken- straße 52a 70599 Stuttgart	Tel.: 07 11/4 51 67 85 DCaprano@t-online.de	

Adressen von Inlineskatingschulen

Name	Anschrift PLZ / Ort E-Mail	Telefon Fax	Homepage
Skate & Fun SportsTeam	Elsa-Brandström-Straße 13 71229 Leonberg	Tel.: 07152/947331 Fax: 07152/395069 Info@SportsTeam.de	http://www.SportsTeam.de
Inline Skate Akademie	Am Gassenbrunnen 41 72768 Reutlingen	Tel.: 07000/7528464 Fax: 07121/901042 Reutlingen@inline-schule.de	http://www.inline-schule.de
Inline Skate Akademie	Küferstraße 11 73240 Wendlingen	Tel.: 07000/528464 Fax: 07121/901042 Wendlingen@inline-schule.de	http://www.inline-schule.de
Show & Info-Team Seeliger Herr Seeliger	Siegfried-Gumbel-Straße 33 74076 Heilbronn	Tel.: 07131/172616 Fax: 07131/173915 Skate-schule@show-info-team.de	http://www.show-info-team.de
ProSM Skate School	Thomas-Mann-Straße 2´ / Eventarena 74360 Ilsfeld-Schozach	Tel.: 07133/9500 Fax: 07133/950022 ehmann@prosm.de	http://www.prosm.de
Freiburger Inline-Skate-Schule	Dreikönigstraße 9 79102 Freiburg	Tel.: 0761/7 7114 Fax: 0761/7 7114 service@F-I-S-S.de	http://www.F-I-S-S.de
FunLine	Pocc straße 15 80336 München	Tel.: 089/260 8141 Fax: 089/76704198 Funline.munich@gmx.de	http://www.funline-skaten.de
Inline-Team	Bürgermeister-Zeiner-Ring 17 85256 Vierkirchen	Tel.: 08139/995686 Fax: 08139/995688 InlineTeam@aol.com oder DIVBayern@aol.com	
Inline-Skate Schule Intersport Förg	Bürgermeister-Aurnhammer-Straße 22 86199 Augsburg	Tel.: 0821/906210 Fax: 0821/9062199	
Board 'n' Skate Gbr	Joh.-Schütz-Straße 8 87435 Kempten	Tel.: 0831/87898	
Sonthofener Inline-Skate Schule	Elsa-Brandström-Straße 16 c 87527 Sonthofen	Tel. : 08321/618697 Fax : 08321/618698 info@inline-fun.de	http://www.inline-fun.de
SK8-Schule Franken	Bronnenmühle 2 90613 Großhabersdorf	Tel.: 09105/997235 Fax: 09105/997234 Skateschule-franken@t-online.de	http://www.Inline-Online.de/Skateschule-Franken
Skate Schule No.1	Zum Neuntagwerk 7 91077 Neunkirchen	Tel.: 09134/907591 Fax: 09134/907591	
DIV-Inline-Schule Bayerwald	Hauptstraße 17 94146 Herzogsreut	Tel.: 08550/683	

Literaturhinweise

Budelmann, B.: Inline-Skating – Das Kultbuch. Econ Verlag. München 1997

Burger, D.: Fitness Fun Action. BLV Verlagsgesellschaft. München 2000

Deutscher Skiverband: Ski-Inline Alpin. Von der Rolle auf die Kante. Planegg o. J.

Deutscher Skiverband: Inline-Skating, Langlauf-Skating. Planegg o. J.

Deutscher Verband für das Skilehrwesen (Hrsg.): Ski-Lehrplan, Band 2: Skilanglauf. BLV Verlag. München 1996

Edwards, S.: Leitfaden zur Trainingskontrolle. Meyer und Meyer Verlag. 7. Auflage, Aachen 1997

Engels, T./Neumann, B.: Optimal trainieren. Südwest Verlag. 4. Auflage, München 2001

Faust, C.: Inline-Hockey – ein neuer Sport für die Straße. In: Sportpraxis (3), 36/1995, S. 53

Galus, E.: Action-Guide Inline-Skating. BLV Verlagsgesellschaft, München 1999

Grimm, B./Schmidt, A.: Handbuch für Inline-Skating. Meyer und Meyer Verlag. Aachen 1999

Habermann, M.: Inline Hockey Basics. Pietsch Verlag. Stuttgart 1998

Hänsel, F./Pfeifer, K./Woll, A. (Hrsg.): Lifetime-Sport Inline-Skating. Beiträge zur Lehre und Forschung im Sport. Hofmann-Verlag. Schorndorf 1999

Harjung, M./Athanasiadis, A.: Inline-Skating. Fit & Fun auf acht Rollen. Ueberreuter. Wien 1996

Heeley, M.: Das ist Inline-Skating. Delius Klasing Verlag. Bielefeld 1996

Hilgert, R. E. /Dallek, M./Radonich, H./Jungblut, K. H.: Das Verletzungsmuster beim Inline-Skating – Verletzungsmechanismen und Prävention. In: Deutsche Zeitschrift für Sportmedizin (11/12) 47/1996, S. 573–575

Höfl, H./Rampf, H.: Der Eisschnellauf. Verlag Bartels & Wernitz. München 1968

Hoffmann, E. und M.: Traumhaftes Inline-Skating: Spaß auf schnellen Rollen. Rau Verlag. Düsseldorf 1996

Hoos, O./Baumgartner, S.: Richtig Fitness-Skating. BLV Verlagsgesellschaft. München 2000

Hottenrott, K.: Ausdauertraining: intelligent, effektiv, erfolgreich. Hrsg. v. Dr. Loges & Co. GmbH. Wehdemeier & Pusch. Lüneburg 1996

Hottenrott, K./Zülch, M.: Ausdauertraining Inline-Skating. Rowohlt Taschenbuch Verlag. Reinbek bei Hamburg 1998

Hottenrott, K./Urban, V.: Inline-Skating. Meyer und Meyer Verlag. Aachen 1996

Innovation Team: Inline-Skate-Guide Schweiz. Hallwag. Zürich 1999

Kränzle, P./Brinke, M.: Streethockey verständlich gemacht. Mit Inline-Skating und Rollerhockey. Copress Verlag. München 1996

Kirsten, K. H./Berger, K./Wagner, P./Kastner, J.: Inline-Skating – die Schuhkonstruktion spielt eine wichtige Rolle. In: TW Sport u. Medizin (3) 9/1997, S. 124–127

Konopka, P.: Radsport. BLV Verlagsgesellschaft. München 2000

Ladig, G./Rüger, F.: Richtig Inline-Skating. BLV Verlagsgesellschaft. München 1999

Markworth, P.: Sportmedizin – physiologische Grundlagen. Rowohlt Taschenbuch Verlag. Reinbek bei Hamburg 1986

Bücher zum Thema

Martin, D./Carl, K./Lehnertz, C.: Handbuch Trainingslehre. Hofmann Verlag. Schorndorf 1991

Nagel, V. (Hrsg.): Inline-Skating – »Neue« Bewegungskultur sportwissenschaftlich analysiert. Czwalina Verlag. Hamburg 1998

Nagel, V./Hatje, T.: Inline-Skating: Das Handbuch. Sportverlag. Berlin 1997

Nottingham, S./Fedel, F. J. (1997): Fitness Inline-Skating. Human-Kinetics. Champaign (USA)/ Leeds (GB) 1997

Pappert, G./Sindinger, K.: Inline-Skating: Sicher, schnell und mühelos. BLV Verlagsgesellschaft. München 1996

Patz, D.: Mein erstes Inline-Skating-Buch. Falken Verlag. Niedernhausen 1998

Powell, M./Svensson, J. (1993): Inline-Skating. Human Kinetics. Champaign (USA)/Leeds (GB) 1993

Sauter, U.: Inline-Skating: Ausrüstung, Techniken, Fahrpraxis. Falken Verlag. Niedernhausen 1996

Sauter, U. (Hrsg.): Aggressive Inline-Skating. Falken Verlag. Niedernhausen 1997

Schaar, B./Platen, P.: Inline-Skating. Rowohlt Taschenbuch Verlag. Reinbek bei Hamburg 2000

Schulz, H./Reiffer, S./Heck, H.: Inline-Skating als Ausdauertraining. In: Deutsche Zeitschrift für Sportmedizin (11/12) 47/1996, S. 576–577

Steffny, H./Pramann, U.: Perfektes Lauftraining. Südwest Verlag. 14. Auflage, München 2001

Werner, D.: Inline Skater's Start-Up. Tracks Publishing. Cula Vista (USA) 1995

Zechel, C./Heidjan, J./Thorwesten, K./Völker, K.: Wissenswertes zum Inline-Skating. In: Deutsche Zeitschrift für Sportmedizin (4) 49/1998, S.140–141

Bildnachweis

AKG, Berlin: 11; Bergmann Claus, Hamburg: 62, 63; FIT FOR FUN, Hamburg: 2, 9, 12, 30, 40, 44, 45, 47, 49, 50, 51 o., 54 u., 57, 58, 60, 64, 65, 66 u., 67, 68, 69, 71, 75, 77, 84, 85, 90, 100, 101, 106, 120, 121, 125, 133, 153, 156, 158. 160 (Pollok Andreas), U4, 27, 37, 38, 39, 48, 51 u., 52, 53, 54 o., 55, 59, 61, 70, 72, 74, 76, 78, 79, 80, 81, 86, 87, 88, 89, 96, 97, 98, 114, 130, 151, 152, 154, 155 (Neidhardt Klas); Gettyone Stone, München: 157 (Richard Francis); Hatje Tobias, Hamburg: 139, 140, 141; Hoch Zwei, Hamburg: 42, 66 o., 136, 143, 144, 145, 148; K2 Ski, Sport + Mode GmbH, Penzberg: 4, 5, 6, 7, 29 u., 95 o.; Müller Christiane, München: 102, 104, 105; Raps, Germany: 95 u.; Roces, Italy: 43, 91; Rollerblade, München: 18 u., 82; Salomon, Deutschland/Österreich: 122; Sigma Sport Germany, Stuttgart: 29 o.; Sport Images, Hamburg: 131 (N. N.); Südwest Verlag, München: 134 (Tunger Matthias); Tooten Ralf, Hamburg: 18 o., 23; Tour CDN, Litchfield/Atglen: 142

Hinweis

Das vorliegende Buch ist sorgfältig erarbeitet worden. Dennoch erfolgen alle Angaben ohne Gewähr. Weder Autoren noch Verlage können für eventuelle Nachteile oder Schäden, die aus den im Buch gegebenen praktischen Hinweisen resultieren, eine Haftung übernehmen.

Impressum

Der Südwest Verlag ist ein Unternehmen der Econ Ullstein List Verlag GmbH & Co. KG, München.
© 2001 Econ Ullstein List Verlag GmbH & Co. KG, München, und Fit for Fun Verlag GmbH, Hamburg
3. Auflage 2001

Alle Rechte vorbehalten. Nachdruck – auch auszugsweise – nur mit Genehmigung beider Verlage.

Südwest Verlag

Redaktion: Dr. Marion Onodi
Projektleitung: Nicola von Otto
Redaktionsleitung: Dr. med. Christiane Lentz
Bildredaktion: Tanja Nerger
Produktion: Manfred Metzger (Leitung), Annette Aatz, Monika Köhler
Layout: Wolfgang Lehner
Grafiken: Veronika Moga
Karten: Achim Norweg
DTP-Produktion: Mihriye Yücel

Fit for Fun Verlag

Chefredakteur: Andreas Hallaschka
Verlagsleitung: Petra Linke
Titelgestaltung: Dennis Middelmann, Katja Kühl-Decker unter Verwendung eines Fotos von Andreas Pollok

Printed in Italy

Gedruckt auf chlor- und säurearmem Papier

ISBN 3-517-06366-5

Register

A
ABEC 3/ABEC 5 (Lager) 95
ABEC-Wertung 21
Abstoß 49ff., 73
Achsen **23**
Achterbahn-Run 104
Adenosintriphosphat (ATP) 107f.
Adressen
 – für Inlineschulen 172f.
 – für Leistungsdiagnostik 169f.
 – für Roll-/Gleitsportler 171
Aerob 109, 117, 119
Aggressivefahrer 20, 28
Aggressiveschützer 27
Aggressiveskaten **83ff.**
Aggressiveskates **91**
Alpinskifahrer, Asphalttraining für **149ff.**
Aluminiumschienen 21f.
Anaerob 109, 119
Antagonisten 36
Armschwungtechnik (Skilanglauftraining) 153
Auer, Dirk 102ff.
Aufstehen 66
Aufwärmen → Warm-up
Ausdauertraining
 – intensives (GA 2) 119, 121f.
 – Methoden **120ff.**
 – Wirkung 111
Ausrüstung 13ff.
Außenkante, Gefühl für die 52
Außensichel (Übung) 94
Ausweichen **51**

B
Balanceakt (Übung) 94
Balanceprobleme lösen 46
Bananen 134
Beine, Powerübungen für die **98f.**
Beinschluss 93
Belastungstests 113
Belastungswechsel (Skitechniktraining) 150
Beleuchtung (K2) **29**
Belüftungssystem 14f.
Beschleunigung 19
Bewegungs-/Gleit- erfahrungen 9
Bewegungskoordination 31, 42
Blade-Nights 32
Blib-Brake 62
Bodyshaping **138ff.**
Bogengleiten 51f.
Bogentreten 55, 67
Bordstein 81, 94
Boxenstopp → Pflege/Wartung
Bremsen wechseln **25**
Bremssysteme 17
 – mechanische 62f.
Bremstechniken **56ff.**
Bremsweg 56

C
C-Cut **75**
Carven 149
Cool-down 35f., 142
Coping 91
Cordura 26
Crosstraining 9, 149ff.
Curbs 91

D
D. I. V. (Deutscher Inline-Skate Verband) 8, 11, 32, 34, 145
Dämpfungselemente 17
Dauermethode 119ff.
DIHB (Deutscher Inline Hockey Verband) 144
Disc-Brake 63
Double-Push **100f.**
Downhillfahren 18
Drafting → Windschattenfahren
DRB (Deutscher Rollsport Bund) 11
Drehfreudigkeit 21
Drehung über die Spitzen **71**
Drehungen **69ff.**
Dreiersprung **86f.**
Dribbler 94
DRIVe (Deutscher Rollsport und Inline Verband) 11
DSB (Deutscher Sportbund) 11
DSV (Deutscher Skiverband) 152
Duckwalk → Entengang
Durometer 20

E
Eierlauf 93
Einbeinrollen 44
Einrollen 130
Einsteigerskates 19, 43
Eisenmangel 111
Ellenbogenchecks 27
Ellenbogenschoner 26f., 34
Energiedrinks 135
Energieriegel 134, 161
Entengang 83f.
Entfetter 25
Entwicklungstraining 119

178

Register

F

Fahrradergometer 113
Fahrradwege 34
Fahrtspielmethode 119, 121
Falltechniken **65f.**
Fatburningtraining 110, 124, 138
Fette 21, 110f.
Fettschmierungen 25
Fitness steigern 8f.
Fitnessskates 43, 91
Fitnesstraining **107ff.**
Flüssigkeitszufuhr 132, 134f., 161
Frauenskates 16
Führarmtechnik (Skilanglauftraining) 154f.
Fünfroller → Speedskates
Fußgängerzone 33
Fußgelenkstabilität 16, 22
Fußwege 33f.

G

Garcin, Jean 10
Gelstoffe 21
Geschwindigkeitsmesser → Speedmesser
Gewichtsverlagerung 49f., 52
Gleichgewicht schulen 9, 42, **44ff.**
Gleit-/Rollphase 50
Glykogen 109
Grind-Plates 91
Grip (Griffigkeit) 19
Grundhaltung verbessern 47
Grundlagenausdauertraining (GA 1) 119, 121f.
Grundposition **47ff.**
Grundschritt **49**
Gummibeine (Übung) 94

H

Halbmarathon 117
Halbmondbremse → Spin-Stop
Halfpipe 83, 91
Halfpipefahrer 27f.
Handschuhe 27
Hardboots 13, **15**, 17
Heel-Stop 25, **57**
Helm 27f., 34, 91, 132
Herzfrequenz → Pulsfrequenz
Herzfrequenz, maximale **112ff.**
HFmax-Formel 119f.
HFmax-Test auf Skates 114
High 180 ° **85**
Hindernissen ausweichen 52, 80f.
Hochgeschwindigkeitsrekorde 103
Hoch-Tief-Bewegung (Skitechniktraining) 151f.
Hockeybereich 17
Hockeyfreizeitturniere 145f.
  – Pflichtausrüstung 146
  – Spielfeldmaße 145
  – Spielregeln 146f.
  – Tore 145
Hockeyschläger 143
Hockeyschützer **27**
Hockeyskates **142**
Hockeyspieler 28
Holländern (Übung) 94
Hosen, spezielle 27
Hybridboots 13, **15**

I

IISA (International Inline Skating Association) 34
Inbusschlüssel 24f.
Inlineaerobic **137f.**
Inlinebasketball **147f.**
Inlinecomputer (Sigma) 29
Inlinehelme → Helm
Inlinehockey 27, **142ff.**
  – Bälle 144, 147
  – Körperkontakt 143
  – Schläger 143f.
  – Tore 144
Inlineskaten
  – Einstieg 9
  – Fallmuster 65
  – Geschichte 10f.
  – Kurse 32, 41
  – Langzeitausdauerdisziplin 117
  – Trends 8
  – Verhaltensregeln 34
  – Verletzungsrisiko 31
  – Vielseitigkeit 137ff.
Inlineskatingschulen 32, **41f.**, 172f.
Inlinesocken 16
Inlinetacho (Ciclosport) 29
Innenschuh (Liner) 14, **15f.**
Intervalltraining 119
  – extensives 122

J

Juniorskates 19

K

Kalorienzähler 28
Kanten/Kurvenlage (Skitechniktraining) 151
Kickboard 43
Kinder und Skaten **42**
Klettverschlüsse 26
Klingel 29
Knieschoner 26f., 34, 66
Knochenbrüche 31f., 64
Kohlenhydrate 110f., 135

Koordinationsschulung **93f.**, 124
Kopfsteinpflaster 80
Körperhaltung, Rolle der 116
Kraftausdauer verbessern 96ff.
Kraftübertragung 14, 17
Krämpfe 109
Kreatinphosphat 109
Kreuzkoordination 93
Kreuzweise (Übung) 94
Kugellager (Bearings) **21f.**
Kugellager reinigen/fetten 25
Kunststoff-Hartkappen (Recaps) 27
Kurventechniken 52

L
Lagerfett 25
Laktat (Milchsäure) 36, **108ff.**, 115f., 119f.
Laufband 113
Laufen 124, 157
Läufer, Skaten für 156f.
Laufruhe 19
Laufstil, persönlicher 21
Leistungsabfall (Übertraining) 118
Leistungssteigerung, systematische 117f.
Link
 – zum schnellsten Mann auf Skates 104
 – für Fitnesstipps 36
 – für lässige Skater 92
 – für Puckjäger/Korbleger 148
 – für schnelle Skater 99
 – für Skatelehrer 42
 – für Skatetouren 161
 – fürs Nachtfahren 34
 – vom Asphalt in den Schnee 155
 – zur Ausrüstung 34

M
Magenfahrplan 134
Magnesium 135
Marathon 117
 – Durchhaltephase 132
 – Endphase 133
 – häufige Fehler 135
 – ideales Timing 130
 – in 120 Minuten 126f.
 – in 90 Minuten 128f.
 – Regenerationsphase 133
 – Startphase 131
Marathonskater 9
Marathontraining **125ff.**
Marathonveranstaltungen 8
Marschieren 93
Massagen 120, 133
Memory foam 16
Merlin, John Josef 10
Mesh-Materialien 26
Mini-Bearings 21
Miniramp 83, 91
Minisnacks 134
Mundschutz 27, **29**
Muskelaufbau 107f.
Muskelkater 109

O
Offroadskates 18
Öle 21
Ölschmierung 25
Olsen, Scott und Brennan 11, 142

P
Partnerübung 47, 99
Pflege/Wartung 23
Powerslide **61**
Powerturn **53f.**, 72

Protektoren → Schützer
Pulsfrequenz **111ff.**, 142, 158
Pulsfrequenz-empfehlungen 115
Pulsmesser 28, **114**, 138
Pushen 92

Q
Quarterpipe **91f.**

R
Radfahren 124
Radfahrer, Skaten für 156
Rasenstopp 62
Ratschenschnallen 17
Rebound 20
Recreationskates 43
Regen 20, 80, 132
Rekom-Training 120, 123, 133
Rockering 21
Rollen **18ff.**
 – tauschen **23f.**
Rollenhärte 20
Rollenprofil/-größe **19**
Rollerblade 11
Rollern (Übung) 94
Rollschuhe 10
Rollwiderstand 19
Rücken-/Bauchmuskeln stärken 96
Rückwärtsbremsen **79**
Rückwärtsfahren **73ff.**
Rückwärtsübersetzen **77f.**
Ruhepuls 112, 115

S
Salomon-Inlinecup 152
Sanduhrlaufen **73f.**, 151

Sauerstoffeinsatz 111
Sauna 120
Schattenlaufen (Übung) 94
Schienbeinschoner 27
Schienen (Frames) 18, **20ff.**, 91, 95
Schienen kontrollieren **24**
Schilddrüsenüberfunktion 111
Schlängeln **76**
Schmierstoffe 21
Schnallen 15, **17**
Schneepflugbremse **60**
Schnürung 15, **17**
Schulterblick nach hinten 73
Schulterpanzer 27
Schützer **26ff.**, 63
Sidesteps **55**, 67, 150
Sitzhaltung 73
Skate, richtiger 16
Skategeschwindigkeit, mittlere 33
Skatekauf, Qualitätscheck 22
Skates allgemein 8, 22f.
Skatetouren **159ff.**
Slalom-Cross **90**
Slicks 19
Softboots 13, **14**
Sommertraining
 – für Alpinskifahrer **149ff.**
 – für Skilangläufer **152ff.**
Spacer **23**
Speedbereich 17
Speedgrundhaltung 96
Speedmesser **28f.**
Speedometer von Mikrosport 28
Speedrekorde 102f.
Speedrollen, Wissenswertes 132

Speedskates 16, 21, **95**, 125, 150
Speedskating 8, 28, **93ff.**, 156
 – Armarbeit 98
 – Vorübungen 93f.
Speedskatingbahnen **166ff.**
Speedskatinggrundschritt **97**
Spider **84**
Spike-Slicks **105**
Spin-Stop **59**
Spritzgussverfahren 15
Sprunggelenk 14
Step-Aerobic 94
Stern **88f.**
Stoffwechsel 111
Stopper 17, 22
Straßenverkehrsordnung (StVO) 33
Street 83
Streetfahrer 27
Streethockey 21
Stretching 35f., 120, 124, 130, 133, 142
 – Fehler beim 36
 – statisch-passive Variante 35f.
Stufentest **114**
Stunt 83
Stuntbereich 17
Stürze 27ff., 32, 41, **63ff.**
Stützen 52
Superkompensation (Übererholung) 117f.

T
T-Stop 58
Tempo-30-Zonen 34
Tennisball aufdribbeln 94

Toe-Glide 84
Trainingsbereiche **119f.**
Trainingsplanung, optimale 123ff.
Transition 91f.
Treppen meistern 81

U
Übersäuerung 109
Übersetzen **67f.**
Umschleifen 69
Umschwenken **72**
Umspringen **70**
Umsteigen 69
Up and down 94

V
V-Position 49
Verletzungen, typische 32
Verspannungen vorbeugen 35f.
Vert 83

W
Warm-up **35ff.**, 138, 143
Waschbenzin 25
Werkzeug (Skate-Tool) 24
Windschattenfahren **99**, 131
Windwiderstand reduzieren 98
Wrist-Guards 26f., 29, 34
WSA (wettkampfspezifisches Ausdauertraining) 119f., 122f.

Z
Zitrusreiniger 25
Zubehör **26ff.**
Zwei-RS-Lager 22
ZZ-Lager 22

FIT FOR FUN-Bücher:

Gesünder ernähren – bewusster genießen – intensiver leben: Hier finden Sie noch mehr Kochbücher und Ratgeber unserer FIT FOR FUN-Experten.

Jedes Buch für nur € 15,95!

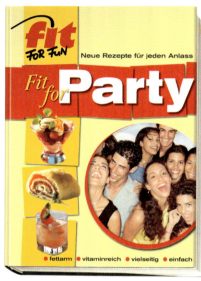

Fit, fröhlich ausgelassen: Mit Rezepten für Snacks, Fingerfood, Sushi und Hauptgerichten dazu Fitness-Cocktails mit und ohne Alkohol. Als Extra: der Partyplaner für optimale Vorbereitung, mit Partyideen und Deko-Tipps.
Format 22 x 29 cm, 128 Seiten
Bestell-Nr.: 227 027 F

Das preisgekrönte Diät-Konzept mit Rezepten & Wochenplänen für gesundes Abnehmen. Dazu die 100 besten Tricks gegen Figurfallen.
Format 16 x 21 cm, 208 Seiten
Bestell-Nr.: 227 019 F

Topleistung durch Topernährung: Mit aktuellen Erkenntnissen rund um Fitnessfood sowie Ernährungsplänen und raffinierten Rezepten.
Format 16 x 21 cm, 200 Seiten
Bestell-Nr.: 227 011 F

Abnehmen mit Spaß: Ihr individuelles Ernährungsprogramm für eine gute Figur, mehr Vitalität und Fitness.
Format 16 x 21 cm, 196 Seiten
Bestell-Nr.: 227 023 F

Straffer Körper, definierte Muskeln, weniger Fett: 150 Übungen für gezieltes Bodystyling und Problemzonen-Bekämpfung.
Format 16 x 21 cm, 176 Seiten
Bestell-Nr.: 227 020 F

Jetzt bestellen!

per Fon: 0781/639 69 97
per Fax: 0781/639 61 00
per Mail: abo@milchstrasse.de
oder online: www.fitforfun.de/shop

Die Bezahlung der Bestellung kann per Bankeinzug, Rechnung oder Kreditkarte erfolgen. Der Versandkostenanteil pro Gesamtbestellung beträgt € 3,90 (In- und Ausland), ab € 75 Warenwert versandkostenfrei.

Mit Widerrufsrecht: Die Bestellung kann ich innerhalb von 14 Tagen (Datum des Poststempels) beim FIT FOR FUN-Leserservice, Postfach 300, 77649 Offenburg schriftlich, auf einem anderen dauerhaften Datenträger oder durch Rücksendung der Bücher widerrufen. Die Frist beginnt mit Absendung dieser Bestellung.

Das umfassende Programm mit vielen Tipps zur Straffung der Muskulatur und zur Fettverbrennung.
Format 16 x 21 cm, 200 Seiten
Bestell-Nr.: 227 024 F

Die besten Trainingstipps für Ihre Gesundheit und Ihre Figur. Das optimale Training für mehr Leistungsfähigkeit.
Format 16 x 21 cm, 216 Seiten
Bestell-Nr.: 227 016 F

Das Laufprogramm für Einsteiger und Profis mit allen wichtigen Tipps & Tricks und Trainingsplänen sowie Lauf-Tagebuch.
Format 16 x 21 cm, 224 Seiten
Bestell-Nr.: 227 007 F

Nutzen Sie Ihr Potenzial für mehr Lebensfreude. Mit vielen Fakten und Infos, um Ihren Trafo wieder aufzuladen.
Format 16 x 21 cm, 224 Seiten
Bestell-Nr.: 227 017 F

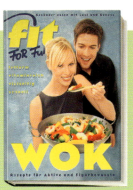

Schnell, einfach, leicht: Mit über 100 fettarmen und vitaminreichen Gerichten für eine optimale und genussvolle Ernährung.
Format 22 x 29 cm, 128 Seiten
Bestell-Nr.: 227 018 F

Für ein gutes Lebensgefühl mit der richtigen Einstellung. Tipps zum Stressabbau privat oder im Job. Mit Poster fürs Büroworkout.
Format 16 x 21 cm, 200 Seiten
Bestell-Nr.: 227 004 F

Die Spielregeln für Ihren Erfolg. Mit Tipps & Tricks um Ihre Ziele zu verwirklichen und sich selber zu motivieren. Mit Erfolgs-Tagebuch.
Format 16 x 21 cm, 240 Seiten
Bestell-Nr.: 227 014 F

Trainingscamp!

■ **FIT FOR FUN**
Das kleinste Fitness-Studio der Welt – jeden Monat neu am Kiosk. Kaufen!

■ **Plus FIT FOR FLIRT**
Schmetterlinge im Bauch: Über 1.000 Singles suchen Ihren Traumpartner!

■ **Mehr FIT FOR FUN**
FIT FOR FUN-TV jeden Sonntag um 19.15 Uhr auf Vox. Und im Internet unter www.fitforfun.de

■ **Abo-Hotline**
0781 / 639 69 97

Sport & Fitness | Gesundheit & Wellness | Gesünder Essen | Sex & Soul | Mode & Lifestyle | Reise & Abenteuer